THÉORIE

DU

BEAU PITTORESQUE.

THÉORIE

DU

BEAU PITTORESQUE

DÉMONTRÉE

DANS SES APPLICATIONS A LA COMPOSITION, AU CLAIR OBSCUR,

A LA COULEUR ET A L'INTERPRÉTATION DE LA NATURE PAR L'ART,

OU

Essai d'un Exposé des principes fondamentaux de la Peinture ;

PAR J.-B. LAURENS.

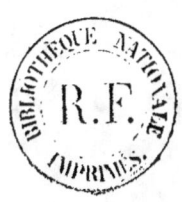

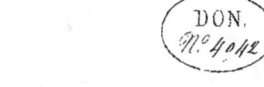

A MONTPELLIER,

Chez M. SEVALLE, Libraire, rue du Gouvernement.

A PARIS,

Chez MM. GIHAUT frères, boulevard des Italiens.

A LEIPZIG,

Chez RUDOLPH WEIGEL.

1849.

MONTPELLIER. — TYPOGRAPHIE DE BOEHM.

PRÉFACE.

Entre l'homme de lettres capable d'écrire un bon livre, et
l'homme du peuple pouvant à peine s'exprimer avec la plume;
entre le navigateur qui sait trouver une voie sûre au milieu de
l'Océan, et le pêcheur qui ne saurait perdre de vue la côte sans
s'égarer; entre le compositeur développant largement une idée
musicale dans une grande symphonie, et le ménetrier jouant une
contredanse par routine, il y a certainement une grande différence dans la puissance des moyens intellectuels. Il y a probablement chez les uns une heureuse organisation dont Dieu n'a pas
doué les autres; mais il y a aussi science étudiée et acquise. C'est
l'étude de la grammaire, de la rhétorique, de la philosophie,
des mathématiques, de l'astronomie, de l'harmonie et du contre-
point qui a formé et réglé cette puissance du littérateur, du
savant et de l'artiste. De la même manière, le peintre habile
qui sait faire un tableau complet d'un sujet quelconque donné,
diffère du commençant qui ne saurait ni interpréter ni traduire
convenablement une nature quelconque. Il y a bien toujours
dans ce cas un homme qui sait et un homme qui ne sait pas; mais
jusqu'ici la science du peintre n'a guère été présentée en corps
de doctrine, en système de faits formant dans leur enchaîne-
ment une science certaine, c'est-à-dire un guide pour l'élève.
Généralement, ce que le peintre sait, il l'a le plus souvent

appris en exerçant, au hasard, le seul instinct dont la nature l'a doué. Heureux alors, si cet instinct est énergique et s'il est guidé par un bon jugement! L'observation et surtout la copie de quelques bonnes œuvres des maîtres servent toujours à développer son talent, mais faiblement ou lentement, parce qu'il faut être maître soi-même pour savoir analyser un bon ouvrage et y lire les préceptes qui s'y trouvent mis en pratique.

Les conseils d'un professeur et le commerce des camarades viennent aussi à l'aide du jeune peintre; mais il doit être bien embarrassé de choisir entre des conseils et des traditions trop souvent contradictoires.

Aussi, il faut en convenir, il y a bien du temps perdu, bien de faux-pas pour l'élève qui ne sait pas même le plus souvent où il faut aller. Ce n'est pas que l'on manque de livres sur la peinture; depuis Platon jusqu'au père André et aux esthéticiens allemands contemporains, les philosophes n'ont cessé de parler du beau. Il y a, dans nos Revues littéraires et artistiques, des travaux excellents de MM. Vitet, Charles Blanc, Gustave Planche, Eugène Delacroix, Théophile Gautier et autres. En Allemagne, les Lettres de Gessner et de Carus, les dissertations de Kolbe, de Semmler, de Schnaase, de Bleichroot, de E. W. E. Dietrich ont formulé d'utiles préceptes; mais ceux de ces livres qui sont écrits par des littérateurs ne sont pas dans la question, et ceux écrits par des peintres ne renferment que quelques faits et préceptes rassemblés sans méthode et sans vue générale d'ensemble. Cependant ce n'est pas inutilement qu'un peintre lirait de tels livres; si parfois il s'exposait à s'égarer, souvent il verrait sur quels sujets il devrait porter ses méditations. Mais

la seule inspection réfléchie des planches dont des hommes pratiques, comme Prout et Burnett, ont accompagné leurs recueils
d'observations, de pensées et maximes (*Practical Hints*), pro-
duirait incontestablement des observations plus utiles pour l'artiste étudiant que tous les livres des philosophes et des littérateurs
amateurs de peinture. Les discours que le célèbre Josua Reynolds prononçait dans les réunions solennelles de l'Académie
royale de peinture, à Londres, exposent les grands principes de
l'art, au double point de vue philosophique et pratique, et beaucoup de fragments de ce discours peuvent être et sont acceptés
comme articles de code. L'ouvrage d'un gradué d'Oxford (*Modern
Painters in Landscape Painting*), dont j'ai beaucoup parlé dans mon
travail, malgré sa partialité de jugements et son exclusion de
tout ce qui n'est pas anglais, est le meilleur corps de doctrines
qu'on ait écrit sur la Philosophie de l'art du paysage; mais il
était réservé à Harding de présenter, avec ordre et méthode,
une véritable rhétorique pour la pratique de l'art. C'est qu'aucun artiste n'a eu comme lui, au service d'une plume habile,
un crayon et un burin de premier ordre.

Il y avait déjà bien des années que je cherchais et que j'avais
trouvé par l'analyse un ensemble de principes fondamentaux,
lorsque parut, en 1845, son traité : *Principles and Practice
of art*. En le lisant, j'éprouvais à chaque page la satisfaction
d'être constamment d'accord avec un maître qui m'avait été déjà
si utile par les œuvres de son crayon, et qui me l'a été plus
tard par sa correspondance.

Soulagé alors de la crainte de m'être formé un système mal
fondé, j'ai voulu écrire le fruit de mes observations et de ma

longue expérience pratique de l'étude de l'art. Je me suis livré
à ce travail, sans suivre le plan de Harding, mais en conser-
vant l'ordre et les idées qui se trouvaient établies dans ma pensée,
avant la lecture des *Principles and Practice.*

En offrant cet essai à mes confrères, je les prie de croire
que je ne viens point leur présenter un système, auquel on doit
soumettre la nature, et que je n'ai pas la prétention, qui serait
par trop ridicule, de donner des procédés pour devenir un habile artiste. Si ces confrères estiment assez mon travail pour
le croire digne de quelques observations de leur part, je leur
témoigne à l'avance la plus sincère reconnaissance pour celles
qu'ils voudront bien m'adresser, car ils m'aideront à améliorer
ce que je leur présente aujourd'hui seulement comme un essai
ou comme le plan d'un livre qui n'existe pas, et qui devrait être
répandu dans l'intérêt de l'art et des artistes.

Je sais trop ce que valent mutuellement la pratique et la spé-
culation, pour me méprendre sur leur valeur réciproque. Mais,
persuadé que la grammaire et la rhétorique sont de quelque
secours à celui qui veut devenir écrivain, je crois que mon
ouvrage peut n'être pas inutile à celui qui veut devenir peintre,
et cet espoir m'engage à le publier.

Montpellier,   Mai 1849.

ESSAI

SUR LA

THÉORIE DU BEAU PITTORESQUE,

PAR M. LAURENS.

—————— ❀❀❀ ——————

CHAPITRE PREMIER.

PRINCIPES FONDAMENTAUX.

La nature est infinie en variété de formes, de couleurs et d'accidents de lumière ; et Dieu a voulu que l'homme fût sensible à toutes les scènes produites par cette variété. Ainsi, autant de combinaisons possibles de lignes, de formes, de couleurs dans les objets de la nature, autant d'impressions diverses sur notre âme.

En voyant ces objets dans la nature ou imités par l'art, nous éprouvons des sensations qui proviennent de la qualité bonne ou mauvaise de ces objets. C'est-à-dire, que si nous contemplons un tableau représentant un trait d'histoire, une scène champêtre, une mort ou une fête, nous sommes certainement impressionnés par le sujet du tableau ; mais il y a, en dehors du sujet représenté, en dehors même de la qualité et de la valeur des objets que nous voyons, une cause d'impression qui tient à la manière dont certaines lignes ou certaines masses se trouvent combinées. La courbure seulement d'une ligne est tellement en rapport

16

avec notre sensibilité, que la variété de cette courbure nous occasionne des variétés correspondantes de sensations . Aussi, des diverses parties de l'art : dessin, clair-obscur et contour ; le dessin, autrement dit la science de la forme est-elle la plus importante. C'est de leur forme que nous recevons les premières impressions des objets , et c'est sur cet attribut que nous les distinguons les uns des autres , plutôt que par leur lumière, par leur ombre et par leur couleur.

Nous les distinguerions, dans l'obscurité , par le toucher , et , si nous avions l'âme de Michel-Ange , devenu aveugle comme lui , comme lui aussi nous pourrions verser des larmes d'admiration , en palpant ce célèbre morceau de marbre appelé le *torse antique*.

Les plus grands peintres connus, Michel-Ange , Raphaël , Poussin , n'ont pas été les rois de la peinture par leur talent dans les effets de lumière , ni dans le coloris ; ils ont été seulement grands dessinateurs ; mais ils ont été sublimes en traçant des contours, et ils ont ainsi tiré toute leur puissance de la connaissance des formes. Parcourez les gravures au simple trait, d'après ces maîtres, prenez les illustrations de Flaxman ou de Girodet, et vous comprendrez la puissance du contour. Quel est l'homme d'une éducation cultivée qui , en contemplant une statue de marbre , désire qu'elle soit peinte ? Qui ne préfère une figure pâle dont tous les traits sont d'une belle forme , à une figure couleur de rose , mais dont les traits sont vulgaires et laids ?

Dans la forme , l'artiste peut être supérieur à la nature, tandis qu'il reste toujours au-dessous de ce modèle pour l'effet et pour la couleur. Par de seules lignes , le dessinateur peut atteindre au plus haut degré d'expression et de beauté que puisse concevoir l'imagination. Par de seuls contours, il reproduira dans notre âme les sensations diverses qui dérivent de la Vénus ou de l'Hercule, du temple grec ou de la cathédrale gothique , du vieux arbre ou du jeune et élégant rejeton , du chêne robuste ou du bouleau , du roide cyprès ou du saule pliant , des nuages étendus en lignes minces et légères ou des masses énormes arrondies , des horizons de la mer ou des masses de rochers, etc.

Les sensations éprouvées à la vue de ces objets ont leur source dans le rapport des lignes avec notre sensibilité.

Il en est de ces lignes et de la succession des propositions de formes, comme des successions de notes et d'accords dans la musique.

L'art est ainsi la science de ces successions et de ces rapports. Quelles sont les conditions pour que ces rapports soient heureux et qu'un objet ou une combinaison d'objets ait une valeur artistique ? Telle est la question importante que je me suis posée ; tel est le but de cet essai.

Nous voyons, dès ce début, qu'il ne faut pas croire, comme on le dit vulgairement, que l'imitation est le but de l'art.

La peinture et la sculpture emploient l'imitation, mais seulement comme moyen, et ils emploient ce moyen, non pas autant que l'imitation de la nature est possible, mais dans certaines limites. Cette imitation est même d'autant plus conforme aux règles de l'art, qu'elle s'éloigne de la re-production identique des objets de la nature, pour en devenir une interprétation libre, pour être, en d'autres termes, l'expression de ce qu'é-prouve l'artiste devant son modèle.

C'est le caractère donné à cette interprétation, qui constitue les grandes individualités chez les artistes. L'un a exprimé la grandeur et la force, comme Michel-Ange ; l'autre la grâce et la beauté, comme Raphaël ; l'autre le sentiment religieux, comme les peintres du moyen-âge, etc. L'artiste met son âme dans son œuvre : cela est tellement vrai, que si vous placez cent peintres devant le même modèle, vous verrez sortir de leur crayon ou de leur pinceau cent imitations d'un caractère différent, et si vous donnez cent modèles à un seul peintre, les cent imitations qu'il en fera n'auront qu'un seul et même caractère.

On dit souvent dans le monde, et on le croit : que l'imitation est le but de l'art. Si cela était, les peintres de nature morte, les faiseurs de ce qu'on appelle les *trompe-l'œil*, seraient de plus grands artites que Poussin ou Michel-Ange. Cependant, pour peu qu'on ait le goût cultivé, on sait combien un croquis tracé de la main d'un maître, est plus estimable qu'un tableau d'un peintre médiocre, quelque soigné qu'il soit. L'on détourne ses regards avec dégoût de l'étalage d'un perruquier, où posent ces figu-res de femmes en cire, colorées aux lèvres, aux joues, aux yeux et coiffées de vrais cheveux, tandis que l'on contemple avec charme un plâtre de la Vénus de Médicis, ou tout autre bon morceau de sculpture.

Les Panorama, les Diorama avec leurs moyens étonnants de vérité et d'effet, les plaques daguerriennes avec leur exactitude de reproduction de tous les détails de la nature, n'ont diminué en rien l'admiration vouée aux Claude Lorrain, aux Cuyp, aux Both, aux Dupré et à tous ceux qui atteindront le vrai but, comme ces maîtres.

Si l'imitation était le but immédiat de l'art, qu'importerait lorsqu'on fait un portrait de le faire poser de telle ou telle manière ? Une épreuve au daguerreotype serait un objet beaucoup plus estimable qu'un portrait de Titien ou de Rembrandt.

Pour peindre un paysage d'après nature, il serait fort égal de se placer plutôt à un point de vue qu'à un autre.

Les vues des villes et châteaux, les vues des établissements de bains, tous ces *paysages-portraits* seraient des œuvres bien plus dignes d'admiration que ceux de Poussin, de C. Lorrain, de Turner, et autres maîtres qui sont grands précisément parce qu'ils n'ont pas fait de portraits de tel ou tel pays, mais parce qu'ils ont peint un pays idéal, dans lequel tout s'arrangeait, se colorait au gré de leur poétique imagination.

A-t-on jamais préféré ces gothiques portraits de l'école allemande, dans lesquels on pourrait compter les cheveux et surtout les fils de la passementerie qui orne leurs vêtements, à ces portraits de Titien ou du Tintoret si largement exécutés ?

Non certes, l'imitation n'est pas le but de l'art, elle n'en est que le moyen.

Il est vrai que ce moyen est tellement indispensable, tellement difficile à acquérir, que l'artiste doit non-seulement faire de longues études préliminaires pour savoir imiter suffisamment la nature ; mais qu'il ne doit jamais cesser, dans le courant de sa vie, de prendre cette nature pour modèle, et de lui emprunter tous les matériaux nécessaires à l'œuvre de son goût et de sa science.

Ceux qui penseraient que cette proposition n'est pas prouvée et qui désireraient approfondir la question, pourront lire les ouvrages suivants :

1° Le savant ouvrage de M. Quatremère-de-Quincy : *Essai sur la nature, le but et les moyens de l'Imitation dans les beaux-arts.* Paris, 1823.

2° Le livre un peu trop verbeux de Töpfer : *Menus propos d'un peintre genevois.*

3° Le beau livre de J. D. Harding. (*The Principles and Practice of Art With illustrations drawn and Engraved by the Author*. London, 1845, in-f°.)

4° Enfin les *Discours sur la peinture*, par John Reynolds.

Ayant acquis par de longues études préliminaires la puissance toujours faible d'imiter, l'artiste s'en sert pour exprimer le beau pittoresque qui doit être le but de ses recherches.

Si mon intention ne se bornait pas à présenter ici des axiomes sur la théorie élémentaire de l'art, si je voulais considérer cet art d'un point de vue plus élevé, je dirais que le vrai but, le but final de l'art, c'est le beau moral, c'est de nous porter par la vue de ses œuvres à des pensées nobles et poétiques, et qu'alors le beau pittoresque, l'adresse d'exécution, l'effet de lumière et d'ombre, l'harmonie des couleurs mises en rapport ne sont qu'un moyen ; mais, je le répète, je ne tends qu'à donner ici des idées élémentaires, qu'à enseigner, ce qui peut être enseigné, car le beau moral ne s'enseigne pas. Ce qui tient, dit Reynolds, à l'esprit ou à l'imagination, comme l'invention, le caractère, le style, l'expression, la grâce, la grandiosité, ne peut être enseigné par des règles ; tout ce qu'on peut faire, c'est d'indiquer où il faut chercher ces parties qui dépendent de l'éducation et de l'organisation intellectuelle et morale de l'individu.

Le beau pittoresque étant le but à chercher, il faut déterminer quelles sont ses conditions, quelles sont ses causes. Il suffit à l'homme du monde de sentir la beauté ; mais l'artiste, lorsqu'il la rencontre, doit savoir analyser ses sensations, il doit pouvoir motiver son jugement ; lorsqu'il contemple la nature, qu'il sent ce qu'il y a en elle de beau, d'insignifiant ou de trivial, il doit pouvoir expliquer ces différences de valeur pittoresque. Le plus souvent un artiste est doué d'un instinct et d'un goût inné qui lui tiennent lieu de science et de théorie ; mais, lorsque cet instinct est aidé par des principes raisonnés, il évite bien de ces fautes qui parfois déparent des œuvres où brillent d'ailleurs des parties très-admirables.

Quels sont l'élément, la condition, la cause et les moyens du beau pittoresque ?

C'est la *variété*, et, pour s'exprimer plus complétement, *la variété avec l'analogie*. Plus loin, cette condition d'analogie sera expliquée ; pour le moment il doit me suffire d'examiner la question d'une manière simple et partielle. Si ce principe est vrai, c'est-à-dire si la variété est la cause nécessaire du beau, il s'ensuit que la symétrie, la répétition des mêmes lignes, des mêmes formes, des mêmes dimensions, sont ce qu'il y a de plus opposé au beau pittoresque.

Je vais examiner et prouver ces propositions fondamentales ; et, pour être complétement intelligible, je parlerai aux yeux, au moyen d'exemples figurés. Jetons d'abord nos regards sur la Planche I.

En commençant par les formes les plus simples, on observera et sentira qu'un triangle équilatéral est moins agréable que le triangle isocèle ; de même que le carré parfait plaît moins que le rectangle et que le rhomboëdre ou losange. Le cercle est moins joli que l'ovale ou l'ovoïde. Il suffit d'examiner la forme de nos tables, de nos tableaux et d'une foule d'objets d'ornement, pour se convaincre que le goût général est parfaitement d'accord en ceci, avec ce que j'avance. On dit : *Joli comme un œuf.* Or, cette différence de beauté dans ces diverses formes s'explique parfaitement par l'égalité et par la variété des contours et des lignes élémentaires qui fixent la forme, qui en découlent, ou qui en sont les éléments.

Observons les deux amphores figurées en haut de la même Planche I, et comparons-les avec les trois vases placés au-dessous. Chez les premières, caractérisées par beaucoup de variété dans les contours, par des lignes tantôt droites, tantôt d'une courbure très-irrégulière, se trouve l'agrément ; chez les autres, où l'on remarque la ressemblance dans les contours qui n'ont pour élément que la ligne circulaire, il n'y a aucune grâce. On dira communément que les proportions des premières sont agréables, et le contraire des autres.

Les deux vases allongés, placés plus bas, fourniront un exemple et une démonstration de plus, que la variété dans l'élément des formes est la cause de la beauté.

Cet arrangement heureux de parties, que les architectes appellent un *ordre*, ionique ou corinthien, est-il autre chose qu'une superposition ou qu'une combinaison de parties variées dans la forme et dans d'heureuses proportions ?

Si je cesse de prendre des silhouettes terminées par des contours rectilignes ou géométriques, et que je demande des exemples aux corps vivants et organisés de la nature, la beauté produite par la variété se présentera bien plus souvent. Comparez toutes ces feuilles de plantes diverses ; examinez la finesse du cou du cygne, à côté de la masse ovoïde de son corps ; voyez les ondulations du serpent, les ailes diversement aperçues de l'oiseau qui vole, ou la longue queue de celui qui est en repos, et vous sentirez que la grâce de ces formes a pour cause la variété dans les contours.

Plus tard, nous verrons que la beauté des arbres, des rochers, des nuages, des fabriques dépend des mêmes causes de variété.

Mais, de toutes les œuvres de Dieu, celle qui nous offre le plus bel exemple de la beauté, toujours produite par la variété, c'est le corps de l'homme. Depuis les masses de ses cheveux, jusqu'à l'extrémité des pieds, il n'y a pas de région, pas de partie qui n'offre la plus grande beauté. Tous ses contours se suivent, et se lient, de manière à produire à l'œil une harmonie sublime et ravissante. Quel heureux et parfait contraste entre toutes les parties ; entre cette tête ovoïde, ce tronc carré, ces membres allongés ! Que de souplesse, que de flexuosité dans les lignes qui déterminent les contours ! L'homme qui, par son intelligence, est une merveille aux yeux du philosophe, par son organisation étonne l'anatomiste et ravit l'artiste par la beauté de sa forme.

L'austérité du moyen-âge a voulu jeter, suivant l'expression d'un de nos critiques contemporains, un suaire aux plis droits sur cette œuvre la plus parfaite du Créateur, sur l'habit que Dieu donna à l'homme dans le Paradis terrestre.

Respectons les idées de notre prochain, respectons même ses préjugés, et si nous sommes femme turque, cachons complétement notre figure ; mais si nous sommes artiste, admirons l'architecture gothique, admirons le plain-chant, soyons pénétrés du sentiment religieux dont sont empreintes certaines têtes des peintres du moyen-âge ; mais, détournons bientôt nos regards de ces outrages qu'ils ont faits à la Divinité, dans leur ignorance du nu, en peignant ou en ciselant des membres estropiés, des têtes énormes ; en faisant de l'espèce humaine un tas de membres effroyables , et louons le Seigneur avec Phidias, Praxitèles, Raphaël ou Michel-Ange (1). Tous les maîtres ont dit qu'il faut que l'artiste soit pénétré de la beauté du corps humain , et que son soin principal doit être de se rendre apte à le représenter. Par cette étude , il se rendra sensible à toutes les beautés de la nature , à toutes les propriétés des rapports des lignes. L'étude de la forme humaine , dans l'éducation artistique , est comme l'étude des langues dans l'éducation littéraire.

La nature aime tant la variété que , si d'un côté elle produit la symétrie, de l'autre elle introduit des moyens de contraste. Elle nous enseigne l'art de l'ornement : c'est ainsi qu'elle peint les ailes du papillon des détails les plus variés ; au milieu de la fleur la plus régulière, elle fait paraître des étamines , des pistils, des capsules, des nectaires de la forme la plus fine ; elle brode même parfois de charmants détails sur les feuilles , comme dans certains trèfles, dans le cyclamen, etc. ; elle colore de plaques variées en étendue , la peau de quantité d'animaux , etc., etc. A notre tour, poussés par notre instinct d'imitation, nous embellissons les objets les plus simples, en introduisant des contrastes de formes toujours agréables à l'œil. Voyez cette tasse, en haut de la Planche II, et même ce pot grossier auquel des taches de vernis donnent une certaine valeur pittoresque.

L'art du costume et de la toilette est aussi basé sur la variété d'impressions que nous procure la variété des formes. Prenant seulement la coiffure pour exemple, je montre dans huit têtes assez semblables par les traits, quelle différence de caractère introduit entre elles la différence de coiffure.

Qui n'a remarqué sur lui-même et sur les autres jusqu'à quel point, je ne dirai pas le costume, mais même une seule mèche de cheveux plus

---

(1) L'école allemande a tenté , avec succès , de réunir , dans la peinture religieuse , le caractère d'expression des peintres gothiques à la correction du dessin des peintres de la renaissance; l'âme de Fra Angelico semble avoir passé dans les mains d'Owerbeck, de Veit et de Steinle : mais , la France n'a rien , sous ce rapport, à envier à la savante et poétique Allemagne ; les peintures murales d'Hyp. Flandrin réalisent certainement tout ce que le sentiment religieux et le goût académique peuvent désirer.

ou moins détournée sur le front influe sur la beauté ou le caractère d'expression de la figure? A quoi tient donc l'infinie variété d'expression des physionomies, si ce n'est à la variété également infinie des formes de la figure? Tous ceux qui ont seulement essayé de dessiner une tête, savent jusqu'à quel point la moindre inexactitude dans la longueur ou le rapport des parties empêche la ressemblance, jusqu'à quel point il faut être exact pour reproduire l'expression parfaite du modèle.

Tout cela prouve, je le répète, la valeur pittoresque d'une ligne par rapport à une autre. C'est comme en musique la relation des accords ou la succession des notes de la mélodie.

Tout l'art est dans ces relations.

Lorsque nous regardons un dessin, un tableau ou une sculpture représentant une jolie tête de femme rêvant tendrement, un tigre combattant contre un serpent, un papillon voltigeant autour d'une fleur, etc., etc., l'impression produite par l'aspect de cette œuvre d'art a une cause double; savoir: la disposition pittoresque de la composition, et la nature des objets et de la scène représentés. Il est alors difficile de faire la part juste de ces deux causes; mais, pour bien faire apprécier la valeur intrinsèque des rapports des lignes et des masses, je vais emprunter des exemples à l'architecture. Ici, dans l'effet produit sur notre esprit, il n'y a plus des causes morales ou de sentiment: sans doute la vue d'une prison nous attriste, et celle d'une église nous porte au sentiment religieux; mais ne prenons pas ici l'effet pour la cause. Si nous sommes ainsi impressionnés, c'est que l'architecte a su donner à ces monuments le caractère qui leur convenait. L'architecte parle, avec des pierres, une langue qui n'est pas moins éloquente qu'une autre. Jetons un coup-d'œil sur l'histoire de l'art monumental, et toujours nous verrons comment des formes architecturales nous rappellent et nous caractérisent les mœurs, les idées, les grandeurs et les misères du passé, ses pompes joyeuses ou ses austérités.

Mais je ne veux point ici traiter des questions d'un ordre trop élevé: mon but est d'établir seulement un principe élémentaire, en démontrant que la variété est l'élément du beau pittoresque. Ainsi, je me contenterai de mettre sous les yeux du lecteur une feuille sur laquelle j'ai tracé plusieurs specimen d'architecture, qui sont tous incontestablement agréa-

17

bles. Depuis la maison du pauvre paysan du village soutenue sur des étais en bois, jusqu'aux tours de cathédrales, tout est d'une forme très-pittoresque, parce que tout y est *variété* et *contraste*. Les plans, les parties diverses se succèdent de la manière la plus heureuse, et se trouvent placés réciproquement dans de bonnes proportions.

Si j'avais à parler à des élèves ou à faire des leçons très-développées, je prendrais chacun des exemples architecturals de cette Planche III, et j'expliquerais, ligne par ligne, la cause du bon effet pittoresque produit ; mais ici, je me contenterai de prier mes lecteurs de passer à la Planche suivante, et d'observer les trois bâtiments que j'y ai figurés. Là tout est trivial, tout manque de caractère, tout est laid, en un mot, et pourquoi ? Parce que toutes les lignes, les dimensions, les inclinaisons sont égales, uniformes, et que la variété manque. Il y a longues années que je dessine de l'architecture ou que j'en observe, et je puis assurer que jamais mes principes n'ont été en défaut pour expliquer la sensation de beauté, de trivialité ou de laideur que j'éprouvais à la vue de ces fabriques.

Mes idées sur l'architecture paraîtront sans doute bien paradoxales, dans un temps où l'alignement, la régularité et la symétrie sont recherchées à peu près par tout le monde et considérées comme une grande beauté. Nul doute que la symétrie, la régularité, la répétition des mêmes formes ne soient souvent une nécessité dépendante de l'objet utile de la construction : mais, dans ce cas, un architecte de goût sauve cette monotonie avec adresse, en introduisant des constrastes. Ainsi, revenons à la Planche III, nous verrons au milieu une partie des bâtiments du monastère du Mont-Cassin ; ces pans de murs n'offrent que des fenêtres, mais quel goût dans la séparation de ces fenêtres ! Plus bas sont deux petites maisons trouvées dans les environs de Montpellier, dans les villages de St-Thibéry et de la Vacquerie. Combien il y a plus de goût dans cette fenêtre isolée mise à côté de celles qui sont géminées, que dans ces belles maisons neuves à quatre étages, percées, de haut en bas, de trous égaux, toujours trop larges pour l'effet pittoresque et trop larges aussi pour le jour nécessaire, puisqu'elles sont presque toujours tenues fermées par des volets et par des rideaux ! Dans la maison de la Vacquerie, il y a bien une rangée d'arceaux égaux en galerie ; mais cette symétrie, loin d'être un défaut, devient une qualité, car elle trouve un heureux contraste dans le large arceau qui soutient la galerie.

A la Planche suivante N° IV, nous trouvons encore une petite maison de paysan, avec une terrasse ombragée d'une vigne. Ne peut-on pas dire comme disait le pauvre propriétaire de cette maison, qui ne se doutait pas qu'elle fût jolie : *Que d'agrément cela prend sur le papier ?* Oui bien, cela a de l'agrément, parce que cette façade est pleine de variétés et de contrastes dans les dispositions de ses parties.

Le bateau, la petite caverne dans les rochers, la jeune fille vêtue d'une écharpe, le petit bonhomme appuyé sur le coude, le chapeau de dame orné de fleurs et d'un voile, la figure couchée, tenant un enfant ; toutes ces images me paraissent très-pittoresques ; et le charme qu'elles ont, tient, comme on peut le voir, précisément à la variété des lignes et de la disposition des parties. Il y aurait pour chacune de ces parties, un bon moyen de prouver que leur mérite tient à la cause que j'assigne ; ce serait de présenter à côté, comme terme de comparaison, des figures analogues, dans lesquelles la variété serait remplacée par la répétition des parties égales ; mais ce genre de preuve serait ici fastidieux, d'autant plus que je serai obligé de l'employer plus loin, en traitant de la composition. Il doit me suffire de présenter, au bas de la Planche, une figure de Christ, dont les membres sont placés d'une manière trop semblable. Aussi, quelque grand que soit le maître auquel j'ai emprunté cette figure, on ne contestera pas que son aspect ne soit désagréable.

J'ai déjà parlé de la beauté des contours du corps humain. Vitruve trouvait cette beauté tellement parfaite et typique, qu'il voulait voir bâtir une ville dont le plan fût analogue à la disposition de la tête, du tronc et des membres de l'homme. Je ne discuterai pas les motifs de l'illustre architecte de l'antiquité ; mais je montrerai aux yeux par un exemple, que les lignes qui déterminent le contour d'un beau corps de femme, servent également à tracer des troncs et des branches d'arbres très-heureusement disposés. On verra, à côté et derrière les arbres, quatre figures humaines formées par des cassures, par des arbres et par des accidents de végétation.

Je ne puis m'empêcher de donner avec plus d'extension, l'expression de l'idée de Vitruve, tant elle me paraît juste. Voici ses expressions d'après une ancienne traduction du 16ᵉ siècle. Il dit au chapitre 1ᵉʳ du livre IIIᵉ, en traitant de la composition des maisons sacrées (temples), ensemble des symétries du corps humain : « Cette symmetrie est engen-»drée de proportion que les grecz nomment analogie Ἀναλογια. Proportion »est un certain rapport et conuenance des membres ou particularitez à »toute la masse d'un bastiment ; et de ceste la vient à se parfaire la »conduite d'icelles symmetries.

»Or, n'y a il ne temple ny autre édifice qui puisse avoir grace de »bonne structure sans symmetrie et proportion, et si la conuenance »n'est gardée en toutes ses parties, aussi bien qu'en un corps humain »perfectement formé.

»Ce corps humain a esté composé de la nature par un tel artifice que… (Suivent les mesures des différentes parties du corps.)

»En cas pareil tous les membres ont chacun leurs perfectes mesures et »proportions, qui ayant esté suyuies par les bons peintres et imagiers »antiques, leur ont acquis des louanges infinies. A ceste cause ie dy »que les membres des maisons sacrées doyuent auoir en toutes leurs »parties vne correspondance de mesures, se rengeant à la totalité de la »masse. Si donc nature a en telle sorte composé le corps de l'homme, »à savoir que tous les membres correspondent par proportions à sa juste »figure, il semble que les antiques n'ont sans bonne cause ordonné que »pour rendre les ouurages en perfection, toutes les espèces de mesures y »éstans requises, ayent en chacun de leurs membres vne convenance legi-»time ; et pourtant quand ilz enseignoient les ordres qui se doyuent suyvre »en tous édifices, leur plaisir estoit que cela s'observast singulierement en »la structure des temples, ausquelz on veoit à perpetuité quelles louenges »ou vituperes l'on doit donner aux ouvriers qui en ont eu la conduite.

»Ces antiques calculerent sur les membres du corps de l'homme les »raisons des mesures, lesquelles semblent estre nécessaires en toutes »manieres d'ouvrages. »

Plus loin, au livre IV, chapitre 1, sur l'origine des colonnes d'ordre Dorique, Ionique et Corinthien.

« Or est-il que quand ilz voulurent dresser des colonnes, ces bonnes

»gens ne sachans quelles symmetries ilz leur devoient donner, mais
»cherchans les practiques pour en venir à bout, mesmement parce qu'ils
»désiroient les faire fortes et commodes à supporter grand fardeau,
»avec ce qu'elles eussent bonne grace, et se rendissent agréables à la
»venë, ilz se prindrent à mesurer l'impression de la plante du pied d'vn
»homme et trouvans que ceste mesure faisoit une sixième partie de sa
»haulteur, ilz donnerent cette proportion à leurs colonnes; et de telle
»largeur qu'estoit l'estendue du diamètre par embas, autant de fois vou-
»lurent les ouvriers y appliquer ceste haulteur, multipliant jusques à six;
»toutes fois ilz comprenoient en ce tant le chapiteau que la base.

»Voyla comment la colonne dorique fut premierement formée sur la
»proportion du corps de l'homme.

»Quelque tems après, le plaisir de ces Ioniens fut d'édifier encores vn
»Temple a Diane; pourquoy cherchens une façon nouvelle, ilz par sem-
»blable invention transportèrent la gayeté feminine à l'usage des colonnes.
»et teindrent la grosseur de leurs tiges d'une huictieme partie de la haul-
»teur, afin qu'elles eussent une espèce plus relevée. En la base ilz suppo-
»serent la spire en lieu de soulier ; et au chapiteau colloquèrent des
»volutes comme perruques ou chevelures crespes entortillées, etc., pen-
»dantes tant d'un costé que d'autre : puis enrichirent leurs frontz de
»cymaises ou doulcines, les ornant de beaux festons de feuillages pour
»representer une teste de femme bien ornée.

»En oultre, tout à l'entour du corps de la colonne depuis le hault
»jusques au bas, feirent des canelures creuses, afin d'exprimer les pliz
»des vestemens des dames. Et ainsi avec deux inventions différentes
»pervindrent à l'effet de leur désir, qu'ilz en formerent (comme dist est)
»vne sur la façon du corps masle, puis l'autre sur la delicature de la
»femme, qu'ilz parerent de beaux ouvrages.

»Mais la troysieme espèce de colonne qui est dicte Corinthienne, fut
»faicte à l'imitation du gent corps de quelque pucelle, pource que les
»filles en leur aage tendre sont de membres graisles et menuz. »

Vient ensuite l'histoire de l'invention du chapiteau Corinthien trop
connue pour la rapporter ici.

La citation est d'ailleurs déjà bien longue; mais je tenais à faire voir jusqu'à quel point les artistes anciens avaient considéré le corps de l'homme comme le type le plus parfait du beau, et cela à cause des proportions ou analogie des parties. Cl. Perrault, commentateur de Vitruve, fait remarquer que cet ancien artiste croit à une raison naturelle et fixe du beau, tandis que lui pense qu'une chose nous paraît belle par accoutumance ou par tradition, et que, si l'on ne pense pas comme lui, c'est faute d'y avoir fait réflexion. Certainement, d'un côté, l'opinion de l'architecte de la colonnade du Louvre a de la valeur; mais tous les artistes de l'antiquité, de l'autre côté, sont contre lui : en effet, on peut trouver belles, et cela arrive souvent dans le monde, des choses qui ne le sont pas; cela est vrai, surtout en France, où l'amour effréné de la mode corrompt sans cesse et aveugle le goût. Mais la beauté a des lois invariables, et ce n'est point par simple tradition que la Vénus de Milo, le Gladiateur ou le Laocoon sont des chefs-d'œuvre éternellement admirables et admirés. Il y a des lois invariables de la beauté, qui sont, ainsi que je veux le prouver de toutes les manières, la variété avec l'analogie dans les proportions ou dans les lignes qui constituent la forme. Ces lois s'expliqueront peu à peu dans le cours de ce travail. En attendant, je reviens à l'examen de la condition de variété. Est-ce vraiment en vertu d'une loi naturelle que notre esprit est si sensible à cette variété? Il n'y a pas à en douter, car c'est elle qui caractérise toutes les œuvres de la nature; et lorsque l'uniformité se présente, il y a mille accidents, mille moyens qui introduisent la variété.

Un coup-d'œil sur la Planche V va rendre palpable ma proposition. Observons ce bras gauche d'une jeune femme. Dans sa position tendue, il y a au premier aspect peu de variété dans les lignes qui forment ses contours. Cependant, ces lignes ont encore des inflexions charmantes; mais si ce bras se plie, et si vous changez de place autour de lui pour le regarder, vous verrez se produire successivement une infinité de contours et d'ondulations ravissantes. Par vos yeux, votre âme sera émue devant cette harmonie de formes, comme elle le serait à l'ouïe d'une musique d'anges. Combien de moyens d'impressions variées peuvent apporter un bracelet, un anneau, une draperie, etc.!

Au-dessous de ce bras, j'ai figuré une petite tige de myosotis et quelques fleurs de matricaire. Prises une à une ces corolles sont fort régulières;

mais voyez avec quelle différence d'aspect la nature les groupe et les présente! La même observation peut se faire sur cette tige d'une petite solanée de la Chine, sur celle de la *Campanula rotundifolia*. On peut remarquer ensuite une seule et même feuille de tournesol (*Helianthemum*), vue sous trois aspects différents, et offrant ainsi trois formes bien variées quoique provenant d'un seul objet. La feuille de nelumbium (*Lotus* de l'Orient), vue de face, ressemble à un plat de forme circulaire, et, vue de profil, cette feuille ressemble à une coupe pleine d'élégance. Le roseau (*Donax*), figuré au-dessus, est insignifiant vu de face; mais, de profil, ces mêmes feuilles se groupent avec des contrastes charmants. Voyez plus bas, à gauche, cette tige d'ipomea; vous pouvez y compter environ vingt-cinq feuilles cordiformes semblables, et cependant quelle grâce dans l'ensemble, par suite de la manière *variée* dont ces feuilles se superposent et s'offrent à l'œil! Prenez trois cerises, mettez-les sur une assiette, sur le même rang et à égale distance l'une de l'autre, il est certain que, dans cette disposition, ces cerises vous plairont moins que lorsqu'elles pendaient à leur pédoncule, et qu'elles s'offraient dans la disposition que j'ai figurée.

En haut de la Planche, à droite, j'ai figuré un pan de mur d'une certaine valeur pittoresque. Lorsque la maison était neuve et habitée, c'était une espèce de cage à poulet, percée de quelque douzaine de larges trous carrés, placés à égale distance et qu'il eût été impossible de placer dans un paysage. L'accident qui avait embelli cette maison pour l'art, c'était un incendie; heureusement qu'il ne faut pas habituellement de tels moyens pour embellir une fabrique insignifiante sous quelqu'un de ses aspects. Voyez le château de Brissac, aux bords de l'Hérault : de face, ce n'est qu'un pan de mur élevé sur un rocher et percé de larges croisées ; faites quelques pas à droite, et vous aurez devant les yeux cette piquante disposition de tours et de murailles figurée vers le bas de la même Planche. Tout-à-fait au-dessous, le pont romain ruiné qu'on voit sur le Vidourle, est présenté dans deux aspects. Dans l'un, il n'y a aucun mérite pittoresque; la symétrie ou la régularité règnent désastreusement, et le pont ressemble à une paire de lunettes; dans la vue de profil, toute monotonie et égalité de formes disparaissent; aussi l'aspect est-il très-agréable.

Pour épuiser tout ce que j'ai à dire à propos des sujets dessinés sur la
Planche V, je dois faire remarquer ces trois groupes de troncs d'arbres. Le
même modèle a servi pour les trois; c'est un bel arbousier qu'on voit au
milieu de l'École de botanique du Jardin de Montpellier. Si vous observez
bien ces trois aspects, vous verrez que leur valeur pittoresque est propor-
tionnelle au degré de contraste et de variété qui se trouve dans les formes.

Enfin, qui n'a pas cent fois observé combien une même figure change de
caractère ou de beauté, selon qu'on la regarde de face ou de profil?

Qui n'a pas remarqué combien l'artiste, par la diversité de pose qu'il
donne au corps humain, sauve constamment la symétrie parfaite qui existe
entre le côté droit et le côté gauche. Il est certain que, à cause de cette
symétrie, rien n'est plus insipide qu'une figure placée debout, appuyant
sur les deux pieds également, ayant les deux bras également pendants et
placée de face; mais faites hancher, inclinez la tête, pliez un bras et laissez
tomber l'autre, vous avez, pour ainsi dire, métamorphosé la créature
humaine; vous avez, en introduisant la variété dans ces contours, embelli sa beauté.

J'ai consacré de nombreuses figures, pour démontrer que la variété était
l'élément du beau pittoresque. Je dois affirmer et répéter que, depuis longues années, je soumets à l'épreuve de cette doctrine tout ce qui tombe
sous mes regards d'artiste, tout ce qui sert habituellement de matériaux à
mon crayon ou à mes pinceaux, et que je me suis constamment expliqué la
cause de la beauté ou de la laideur que j'observais.

De l'Analogie.

Lorsque j'ai dit, au commencement de cet essai, que la condition du
beau était la *variété* avec l'*analogie*, je me suis mis à expliquer, par de
nombreux exemples, la valeur de la *variété* abstraction faite de l'analogie.
Bien que l'on puisse considérer cette condition comme secondaire, elle
est d'une grande importance, et je vais maintenant exposer mes idées à
ce sujet. En disant analogie, j'entends parfaitement indiquer ce que les
Grecs appelaient du même mot Ἀναλογια, c'est-à-dire certaines proportions, certaines relations et, mieux encore, certaines ressemblances

dans les objets ou dans leurs parties. Mais , en parlant aux yeux par des exemples matériels , l'explication du sens que je donne au mot analogie , aura toute la clarté désirable. Ainsi , jetons sur une table plusieurs cartes à jouer ; ces cartes se diviseront , se superposeront , et leurs contours rectilignes et rectangulaires produiront une grande variété de formes : triangles , carrés , trapèzes , et une infinité de polygones qui seront très-différents les uns des autres ; mais il y aura analogie entre tous ces polygones. (Voyez ci-dessous Fig. 1.) Répandons ensuite des pièces de monnaie ; il se produira , par la superposition et par la disposition de ces pièces , une grande variété de formes , dont le cercle sera toujours l'élément , et dans cette *variété* il y aura *analogie*. (Voy. Fig. 2.) Si ensuite nous mettons une carte à côté d'une pièce de monnaie , comme dans la Fig. 3 , nous observerons la *variété* sans l'*analogie*. Dans la Fig. 4 , la symétrie qui existait dans la Fig. 3 est détruite ; il y a une plus grande somme de variété ; aussi , au point de vue pittoresque , cette combinaison du cercle et de la forme polygonale est meilleure.

Si maintenant nous mêlons des cartes , des fiches , des pièces de monnaies ou des jetons de différentes dimensions , il se produira ce que j'appelle *variété et analogie complexes*, telles qu'on peut les observer dans les Fig. 5 et 6 , prises ensemble ou séparément. Ces deux figures sont , pour ainsi dire , la forme la plus complète du beau ; elles sont la formule des compositions les plus parfaites.

Fig. 1.   Fig. 3.   Fig. 5.

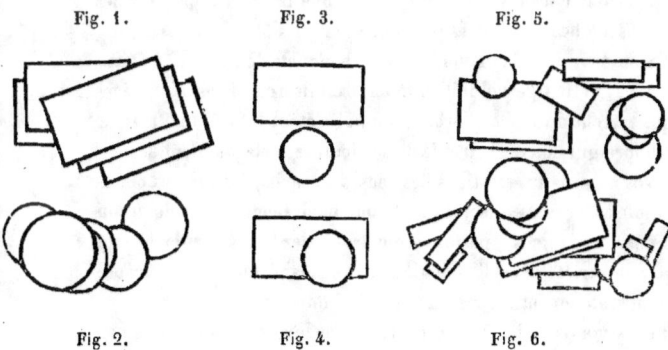

Fig. 2.   Fig. 4.   Fig. 6.

18

Nous la vérifierons sur les plus petits sujets comme sur les plus vastes tableaux. Pour le moment, qu'il nous suffise de considérer, sous ce nouveau point de vue de l'analogie, quelques-unes des figures qui ont déjà passé sous nos yeux, pour en faire comprendre le caractère de variété. J'ai dessiné, au milieu de la Planche III, une partie des bâtiments de l'abbaye de Mont-Cassin. C'est un exemple de variété simple avec analogie de formes rectilignes et rectangulaires : la petite maison à terrasse, figurée au bas de la même Planche, offre un autre exemple de variété simple avec analogie dans les formes circulaires. La maison dessinée au coin supérieur de droite présente variété sans analogie, car le portail à plein cintre n'a rien d'analogue à côté de lui. Aussi, cette maison doit-elle être considérée comme d'une faible valeur pittoresque : pour la rehausser il suffirait d'introduire l'analogie, en répétant des lignes circulaires. (Voy. Planche VI.)

Le pont vu de face, au bas de la Planche V, n'offre ni analogie, ni variété : il ne présente que monotomie, symétrie et ressemblance. Aussi, est-il tout-à-fait à rejeter du domaine de l'art ; l'aspect fuyant de ce pont est, au contraire, un assez bon exemple de variété avec analogie.

Dans la Planche IV, les voiles du bateau, les parties de l'écharpe de la jeune fille, les cassures du rocher percé d'une grotte, les branches de l'arbre qui s'élève par-dessus, sont encore de bons exemples de variété avec analogie.

Mais c'est surtout dans les êtres organisés, que la nature présente les deux conditions de beauté pittoresque, unies dans les plus heureuses proportions. Examinez, dans la Planche V, ces bouquets de fleurs, ces faisceaux de feuilles, cette tige volubile d'ipomea ou liseron. Pensez aux tiges de lierre qui serrent un tronc d'arbre, ou qui s'étendent sur une pierre; pensez au pampre qui couvre la treille de ses feuilles si élégamment découpées ; levez vos regards sur ses tiges flexueuses du saule, ou vers les cimes arrondies du pin ; abaissez-vous jusqu'à la plus modeste graminée du gazon que vous foulez aux pieds, partout vous trouverez la grâce et la beauté produites par la variété avec l'analogie, et cependant toute cette beauté n'est rien comparativement à celle du corps de l'homme.

Remettez sous vos yeux les figures ou les fragments de figures humaines

que j'ai tracées, sur les Planches I, II, IV et V ; rappelez-vous les sensations que vous avez éprouvées devant une belle statue ou devant une belle
figure, et vous conviendrez que Dieu, en créant notre espèce, y a combiné,
mieux que jamais, cette juste proportion de variété et d'analogie qui constitue le beau. Les plis d'une draperie offrent un bel exemple de variété
avec analogie ; et lorsque ces plis s'étendent sur le corps, il en résulte des
beautés d'un ordre supérieur. Aussi, quel admirable parti les grands
artistes de tous les temps ont-ils tiré des figures drapées !

La variété et l'analogie sont, j'espère, admises comme l'élément et la
condition du beau pittoresque. Ne pourrait-on pas pénétrer plus avant dans
la connaissance des lois secrètes, et, pour ainsi dire, des causes premières
qui mettent notre âme en rapport avec la forme des objets ? N'y aurait-il
aucun succès à attendre, si l'on cherchait à analyser maintenant les éléments de la variété, si l'on voulait savoir quelles sont les conditions de la
variété elle-même pour qu'elle ait une valeur pittoresque ? Certainement,
il n'y a pas lieu d'espérer qu'on explique jamais pourquoi telle courbure
de ligne nous plaît plus que telle autre courbure ; mais, en étant plus modeste dans le but de nos investigations, nous obtiendrons sans doute un
résultat.

J'ai ouï dire que le célèbre musicien Méhul, cherchant à connaître la
cause de la beauté de certaines mélodies, avait remarqué que la condition
de cette beauté semblait être une succession presque toujours diatonique
dans les tons ou notes de ces mélodies. J'ai eu bien des occasions de vérifier
et de trouver juste la remarque de Méhul, en écoutant et en étudiant les
belles mélodies du moyen-âge. Je crois même que la variété et l'analogie
dans la composition musicale, sont des éléments aussi fondamentaux que
pour les arts du dessin ; mais ce n'est pas le lieu de nous arrêter ici sur la
musique, sur cet art dont l'esthétique est si obscure et si peu cultivée.

Je reviens donc à la recherche des causes qui constituent la variété
d'une manière convenable à l'art, et voici ce que je trouve à poser comme
loi : *Les contours d'une forme, l'assemblage d'objets et de parties analogues,
les compositions des lignes ou masses principales d'une composition* ne doivent
jamais être dans une succession progressive de dimension, en termes tech-
niques, n'être jamais en progression arithmétique, comme 1, 2, 3 ou

3, 2, 1 ; mais cette progression doit toujours être interrompue comme ci-
après ; 1, 3, 2 — 2, 1, 3 — 2, 3, 1 et 3, 1, 2.

Cette nécesssité de rompre une progression s'applique à quatre, à cinq
et même à un plus grand nombre de dimensions, comme à trois ; mais
ce nombre *trois* est celui qui donne les oppositions les plus heureuses et
qui est, par cette raison ou par instinct, la plus fréquemment employée.

Pour donner toute la clarté possible à ce que je viens de dire sur la
loi des progressions, je vais en mettre la formule sous les yeux du lecteur au moyen des figures suivantes.

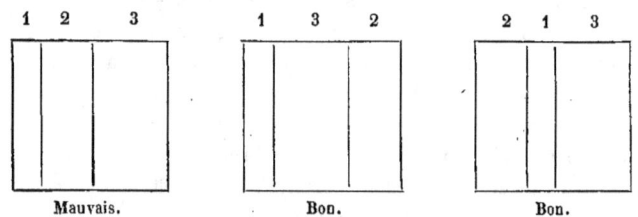

D'après le principe établi, la première figure ci-dessus et son renversement offriraient une succession mauvaise, tandis que les deux autres
figures et leurs renversements aussi donneraient de bonnes succossions.

Ces progressions en sens vertical peuvent se présenter en sens horizontal, et se corriger ou se gâter mutuellement.

Ainsi, dans l'exemple A des figures ci-dessous,

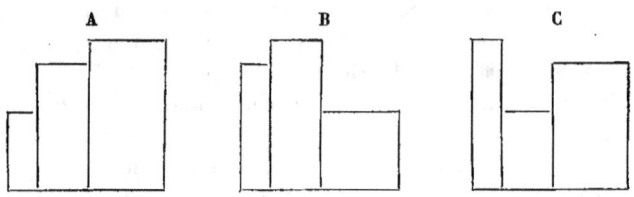

la progression verticale est rendue pire par la progression horizontale ;
mais, dans l'exemple B, la progression verticale est améliorée par l'interruption de progression dans les lignes horizontales. Enfin, l'exemple C

est le meilleur, attendu qu'il n'y a progression ni dans le sens vertical, ni dans le sens horizontal. Rien n'est si facile que d'appliquer cette formule abstraite à des maisons et à une foule de monuments et d'objets dont la forme est rectangulaire ; mais, pour comprendre l'application de cette même formule à des formes terminées par des lignes courbes irrégulières, prenons la Planche VI et comparons les formes qui manquent à la loi de succession non progressive, avec celles qui s'y trouvent soumises.

Ainsi, les cinq arbres figurés en haut de cette Planche, sont exactement correspondants, dans leurs masses respectives, aux trois premiers parallélogrammes donnés tout à l'heure. On y remarque : 1° progression mauvaise 1, 2, 3 et son renversement 3, 2, 1 (exemple A et a) ; 2° progression mauvaise, un peu corrigée par une progression également mauvaise, mais dont le renversement introduit cependant une certaine variété dans la forme de l'arbre (exemple C) ; 3° enfin, bonne progression des deux côtés des arbres, aussi forme excellente (exemple B et D).

Ce qui est vrai et important pour les grandes masses des arbres, l'est également pour les plus petits rameaux chargés de trois ou quatre feuilles. Cette importance ne doit jamais être perdue de vue, en exécutant la feuille des arbres ; car la main de l'homme est tellement disposée à répéter les mêmes lignes et les mêmes formes, qu'il faut une très-grande vigilance sur soi-même, pour ne pas faire la feuille comme si on écrivait indéfiniment les nombres 333, ou comme si l'on faisait un feston :

La formule des progressions interrompues s'applique à tout. Il n'y a pas de petits cailloux répandus sur les terrains, pas de tige de broussaille, pas de vol d'oiseau, pas de masse de nuages ou de montagnes qui ne doive s'y soumettre. Les figures de la Planche VI rendront ce que je dis, à cet égard, très-évident. J'ai dessiné, en dessous du premier rang d'arbres, un second rang dans lequel la formule des progressions est observée, non-seulement dans les dimensions des arbres, mais aussi dans leur espacement : on verra également une main qui, dans sa position la plus naturelle, c'est-à-dire la plus conforme à l'organisation des muscles abducteurs et fléchisseurs qui la gouvernent, offre un exemple de la loi des progressions exactement observée, tant dans les dimensions des doigts que dans leur écartement. Dans ce détail , comme dans d'autres et dans son ensemble, la forme du corps humain répond toujours aux conditions du beau.

La disposition des groupes des figures doit , comme tout ce qui entre dans un tableau, être établie avec la même soumission à la loi que je fais connaître. La comparaison de l'ensemble des groupes de gauche avec ceux de droite ne laisseront , j'espère , aucun doute sur celle des deux dispositions qui est la bonne. J'ai terminé cette Planche VI par deux croquis de marine composés des mêmes éléments; mais , dans un des croquis , ces éléments sont disposés selon les successions voulues, tandis que , dans l'autre , la loi de ces successions est violée en tout et partout. Aussi , il n'y a pas à hésiter longtemps pour trouver les meilleures.

Lorsque j'ai fait remarquer les valeurs pittoresques des exemples d'architecture présentés dans la Planche III , j'ai dit que , dans un même sujet , il y avait souvent des analogies complexes , et que j'expliquerai plus tard ce que j'entendais par ces termes. Je vais donner ici cette explication , et je reprends la Planche III.

Si nous examinons , avec un peu d'attention , la vue de cathédrale dessinée au haut de la Planche, le fort qui est au-dessous et le campanile italien qui est à gauche vers le bas, nous aurons des exemples frappants d'analogies complexes. Ainsi , dans la cathédrale , les formes rectilignes des maisons ont leurs analogues dans les tours, l'arceau du porche a des analogues dans les fenêtres de ces tours , et les piliers du porche ont leurs analogues dans les clochetons. Ainsi , il y a triple analogie dans cet exemple. Dans le fort , il y a correspondance entre les surfaces rectilignes des murailles et des petites tours carrées qui s'élèvent au-dessus des tours rondes ; il y a aussi relation entre les différentes fenêtres ou arceaux situés aux bâtiments enfermés dans le fort ; il y a encore quelque analogie entre les mâchicoulis des tours et la crénelure du rempart.

Dans le campanile , il y a analogie entre la forme carrée de la tour inférieure et la forme octogone de la tour supérieure. Il y a analogie entre les différentes corniches ; il y a une analogie et une variété des plus heureuses entre les fenêtres ogivales et à plein cintre.

Par la réunion de ces conditions , les trois exemples dont il s'agit sont excellents , et je ne pense pas qu'on puisse être insensible au charme pittoresque de ces formes architecturales.

Dans l'intérieur des grandes cathédrales gothiques , la disposition des piliers et les arceaux des voûtes , des fenêtres et des tribunes présentent un des plus splendides exemples de variété avec analogie complexe. Au reste , toutes les œuvres d'art bien comprises offrent l'application de cette loi.

La maison , avec grande porte à plein cintre, figurée en haut et à droite de la même Planche , présente un exemple de variété sans analogie avec la ligne cintrée. Dans ce cas fâcheux , il est bon d'introduire l'analogie qui manque , ainsi que j'ai essayé de le faire dans la Planche VI. J'espère que la comparaison de ces deux manières de traiter un même sujet, fera comprendre la valeur des principes que j'émets.

Toutes les conditions du beau pittoresque dans la forme étant actuellement connues et démontrées, je vais en examiner l'application à la partie de l'art qu'on appelle : *Composition.*

CHAPITRE II.

COMPOSITION.

Comme on ne saurait trop honorer la mémoire des hommes qui ont honoré l'humanité par leur talent et par leur caractère , je donnerai, avant toute autre définition, celle de Léon d'Albertis. Il dit dans son Traité *De Picturâ , præstantissimâ et nunquam satis laudatâ arte* :

Compositio est autem ea pingendi ratio , quâ partes in opus picturæ componuntur.... Danda in primis opera est , ut quæque inter se membra conveniant. Ea quidem tunc convenire pulchrè dicuntur , cum et magnitudine et officio et specie et coloribus et cæteris , si quæ sunt hujus modi , rebus , ad venustatem et pulchritudinem correspondeant.... Nulla admodum mihi visa est via certior , quam ut naturam ipsam intueamur , diuque ac diligentissime

spectemus . quemadmodam natura mira rerum artifex, in pulcherrimis mem-
bris superficies composuerit.

Ces paroles pleines de vérité, pleines d'amour de la nature ; ces
paroles, écrites il y a plus de trois siècles, m'ôteraient le courage de
chercher à dire mieux aujourd'hui, si je n'avais à parler de la composition sous un point de vue qui soit en harmonie avec la théorie que
j'expose dans cet écrit. Dans tous les cas, l'art de disposer des matériaux pittoresques pour concourir à un ensemble et à une unité d'impressions, a le pouvoir de produire une satisfaction sur l'âme, non par
le nombre des objets, ni par leur qualité particulière, mais par un effet
d'ensemble; c'est là ce qui constitue le grand mérite de l'artiste et la
partie la plus difficile de ses études.

Je ne parlerai pas ici de la composition, sous le rapport de l'invention et du style ; il ne doit s'agir, dans mon plan, que de composition
pittoresque, c'est-à-dire, de la disposition des objets qui figurent dans
le tableau, de ce qu'on appelle les lignes, de cet arrangement calculé
pour la satisfaction des yeux ; arrangement qu'il faut dissimuler, mais
qui est une nécessité de l'art et qui même le constitue.

Je ne parlerai pas non plus de l'observation de la règle des unités,
aussi indispensable dans les œuvres de peinture que dans celles de poésie,
de musique ou de littérature.

Or, la composition pittoresque étant tout simplement la disposition
convenable des objets qui peuvent être représentés, les règles de cette
composition consistent principalement dans l'application et dans l'observation attentive des lois du beau pittoresque, c'est-à-dire, de la variété,
de l'analogie et des progressions arithmétiques évitées.

Cependant, on peut observer ces règles, et rencontrer encore bien
des difficultés dans l'exécution du moindre dessin. Il faut aussi avoir égard
à beaucoup d'autres circonstances, qui, du reste, dérivent des principes
fondamentaux de la *variété*, etc.

Certainement, comme je l'ai dit en commençant cet Essai, le but de
l'art n'est pas l'imitation pure et simple de la nature; mais cette imitation est indispensable dans les limites que nous pouvons atteindre. Lorsqu'on pense que, pour imiter des vues de paysage d'une grande profon-

deur , nous avons tout juste une feuille de papier , d'une surface bien plate , et un bout de crayon , il faut essentiellement avoir recours à des artifices appris par de longues études et par la connaissance des moyens de l'art. La science du clair-obscur nous montrera plus tard , ceux qui dépendent de sa puissance ; nous allons , pour le moment , chercher à connaître ceux qui dépendent seulement de la disposition des lignes et qui constituent les préceptes de la composition.

Le premier des préceptes est la connaissance approfondie et pratique de la perspective linéaire. Cette science nous fournira les moyens les plus certains de rendre , par des lignes , la grandeur convenable des objets , et de faire sentir leur profondeur et leur éloignement du spectateur dans le champ du tableau. La nécessité de procurer l'illusion de cette profondeur est si permanente, qu'il ne suffit pas que les règles de la perspective soient rigoureusement observées , il faut encore ne jamais perdre de vue les préceptes suivants :

1° Aucun objet ne doit être placé verticalement en dessus ou en dessous d'un autre objet placé sur un autre plan. Si ce précepte est négligé , des figures d'hommes, dans un paysage, auront l'air de porter un clocher sur leur tête ; d'autres figures, placées sur le premier plan , et verticalement sous des arbres éloignés , sembleront avoir des plumets à la tête , ou bien des arbres sembleront avoir pris racine sur le dos des vaches. Une femme , portant sur sa tête une corbeille , aura l'air de porter un château en ruine, si un tel château est , dans le lointain , verticalement au-dessus de la figure.

2° Il ne faut pas non plus que des objets placés sur des plans différemment profonds, paraissent sur la même ligne horizontale, sans quoi cette différence des plans n'est plus sensible.

3° Jamais une seule ligne ne doit servir à déterminer le contour de deux objets placés sur divers plans.

Toutes ces relations de lignes, prohibées dans l'art, peuvent se rencontrer dans la nature ; et c'est ce qui prouve encore une fois , que l'art n'est pas une imitation pure et simple, mais une science acquise, comme je disais plus haut , par l'étude de conditions et de moyens particuliers. (*Principles of composition derived from a study of the means and capabilitres of art;* Hard.)

19

Pour rendre bien palpables la nécessité et la justesse de ces observations, je voudrais pouvoir mettre sous les yeux du lecteur, les Planches 10, 11 et 12 du bel ouvrage de Harding (*Principles and Pratice of art*); à leur défaut, j'ai cherché une petite composition dans laquelle les fautes mentionnées tout-à-l'heure, et quelques autres, sont ridiculement frappantes. (Voy. Planche VII.)

4° Avec cette Planche sous les yeux, vous verrez qu'il faut prendre garde de ne pas donner des apparences ou des formes semblables à des objets très-différents de dimensions et de qualités dans la nature. Ainsi, ne répétez pas dans un lointain une grande montagne qui, par son éloignement, peut être sur le tableau de même dimension qu'un coteau plus rapproché (Voyez encore la même Planche); ne placez pas un temple à coupole sphérique à côté d'arbres dont les masses sont rondes ; etc. J'aurais voulu multiplier les exemples de fautes de composition ; mais ce Mémoire n'est pas un Traité élémentaire destiné à des élèves, et d'ailleurs, dans le chapitre consacré au dessin d'après nature, j'aurai souvent l'occasion de revenir sur les fautes mises en évidence par l'exemple de la Planche VII, et de signaler des fautes analogues à l'aide de nouveaux dessins.

Le principal objet ou la principale figure doit généralement occuper une place *près* du centre de ce tableau. Lorsque nous regardons une scène dans la nature, les objets qui forment cette scène, ne se peignent pas tous avec la même netteté dans notre œil. Ceux du centre sont vus très-nettement, tandis que ceux des extrémités paraissent d'un contour fondu et incertain. Si nous regardons quoi que ce soit avec une lentille, il se produira un effet semblable ; c'est-à-dire que les parties situées au foyer de la lentille seront vues nettement, et celles qui s'éloignent de ce foyer paraîtront de plus en plus troubles. Ce phénomène de physique sanctionne le précepte qui veut que l'intérêt du tableau, que tous les soins de l'exécution soient portés vers le centre; mais pourquoi cet à *peu près*? Parce que si l'objet principal est juste au milieu, il en naîtra une symétrie de chaque côté de cet objet principal; on aura violé la loi de variété, et on se sera créé une difficulté très-embarrassante. *And thus*, dit Harding, page 75, *a difficulty is created ; wich even an ingenuity the most fertile in appliances cannot easily overcome.* Donc, comment aussi éviter la non succession arithmétique dans les divisions principales de la composition, une fois qu'on a coupé son tableau en deux portions bien égales?

5° Par la raison qu'il faut donner une grande importance aux objets situés vers le centre du tableau, il ne s'ensuit pas que les bords de la toile doivent être vides d'intérêt. Les objets qui s'y trouvent placés ont une valeur incontestable dans l'ensemble, et le degré de soin ou de négligence avec lequel il faut les exécuter, exige un goût bien exercé. Si l'on introduit des objets de quelque importance trop près du 1er plan, ceux qui se trouvent vers le centre perdent en grandeur et en intérêt, et dans tous les cas, c'est une faute de diviser cet intérêt à droite et à gauche, et de laisser le milieu vide. Harding signale cette faute dans un paysage de Claude Lorrain, très-connu, représentant au milieu le Tibre fuyant; à gauche, la scène est fermée par les colonnes d'un temple en ruine, et à droite, sous un parasol, se trouve le peintre dessinant ces colonnes. Harding présente même la correction de cette faute. Sans doute la correction est heureuse sous le rapport pittoresque; mais je trouve que l'aspect a perdu le caractère de grandeur et de sévérité que Claude avait su imprimer à sa vue. Du reste, s'il voulait représenter le Tibre comme objet principal et le faire paraître vaste, il a réussi, et la critique de Harding tombe. D'ailleurs, Claude peut avoir commis beaucoup de fautes de composition, mais il avait le sentiment de la haute poésie de la nature; il sentait la calme solennité de ses aspects, et, malgré certaines maladresses, ses toiles sont empreintes de ce sentiment.

Plusieurs peintres paysagistes, célèbres pourtant à juste titre, ont placé des figures trop loin du centre du tableau, presque sur la marge. Or, comme une figure appelle toujours plus d'intérêt que des pierres, des plantes et du gazon, il arrive que l'attention se divise en se portant du centre du tableau à son bord. Placer des figures ainsi avancées sur le premier plan d'un paysage; c'est s'exposer à sacrifier l'unité, cette condition de toute œuvre d'art, et qui, selon l'expression du grand N. Poussin, est le secret des chefs-d'œuvre.

6° Une autre condition bien importante, c'est la simplicité. On risquerait d'y manquer, si l'on se mettait à chercher la variété pour l'amour de la variété. On ferait des ouvrages très-pittoresques peut-être, mais dépourvus de calme et d'unité. Le défaut de simplicité caractérise ce qu'on peut appeler le style de décorations de théatre. Dans tous les cas, c'est le goût de l'artiste qui décide la mesure qu'il faut garder pour éviter tous les écueils.

7° Répétez, à moins que le sujet ne s'y oppose, sur divers plans, des objets semblables, tels que figures humaines, animaux, arbres. Comme la grandeur de ces objets est à peu près connue et constante, il suffit qu'ils soient vus dessinés plus petits à côté d'autres plus grands, pour que les plus petits jettent dans la profondeur les plans sur lesquels ils sont posés. Nicolas Poussin mettait beaucoup de figures sur tous les plans de ses grands paysages, et leur grandeur est si bien observée, que la vue seule de ces figures suffirait pour faire apprécier le vaste champ qu'embrassent ces paysages. En agissant ainsi, non-seulement on se sert d'un moyen de l'art pour faire fuir les plans; mais on plaît à l'œil par l'*analogie*, une des principales conditions de la beauté pittoresque.

8° Enfin, pour qu'une composition soit bonne, il faut que les objets soient disposés de manière à recevoir un bon effet de clair-obscur et une heureuse disposition de couleurs. Seulement, je ne pourrai dire que plus tard, en parlant de ces deux parties importantes de l'art, quelles sont les conditions du beau dans les effets de lumière et d'ombre, et dans ce qu'on appelle l'harmonie des couleurs.

Je ne chercherai pas à augmenter le nombre des règles qu'on pourrait donner à priori. En contrôlant la valeur de celles que j'ai données et en me livrant dès à présent à l'examen critique de plusieurs compositions plus ou moins remarquables, j'aurai certainement maintes occasions d'exposer de nouveaux préceptes, et je ne les laisserai pas échapper.

Si j'ai démontré la valeur de quelques-unes de ces règles, ce n'a été que par la représentation d'objets isolés, ou par des détails qu'on pourrait considérer tout au plus comme des parties d'un tableau; mais j'arrive au moment de soumettre mes principes à l'épreuve des grandes œuvres de l'art, en analysant des compositions complètes d'artistes reconnus comme maîtres.

Malheureusement des difficultés d'exécution, l'espace et le temps dont je puis disposer, ne me permettent pas de reproduire aux yeux du lecteur la série de tableaux d'histoire et de genre que je voudrais lui présenter:

une fresque de Raphaël ou de Michel-Ange, traduite par le crayon lithographique dans la dimension que je suis forcé d'adopter, deviendrait une caricature, un véritable outrage à ces dieux de l'art, que je dois respecter avant tout. Je suis alors forcé de me borner à reproduire quelques beaux paysages ou sujets d'animaux, choisis parmi ceux qui ont été inédits par la gravure ou qui sont peu connus de nous. Du reste, quand on se sera exercé à analyser les specimen que je donne d'un genre, on saura appliquer la même analyse aux célèbres compositions d'histoire qu'on peut trouver dans tous les porte-feuilles comme dans toutes les bibliothèques.

Les conditions de mon format m'interdisent même la reproduction des paysages que je considère comme les plus beaux qui aient été peints. Je veux parler de ces nobles et vastes sujets traités par le génie de N. Poussin, du Diogène, du Polyphème, du déluge, des saisons, des funérailles de Phocion, du jeune homme étouffé par un serpent. Évidemment ces compositions sont trop riches de détails pour n'être pas défigurées par une réduction en miniature; mais tous ceux qui aiment les arts, connaissent ces pages du Poussin et les possèdent même dans leurs collections; ainsi quand je les citerai, on pourra facilement vérifier ce que je dirai de leur contenu, de leur valeur et de leur caractère.

Quelques autres considérations diminuent mon regret de ne pouvoir donner ici un de ces paysages de Nicolas Poussin, qui sont acceptés depuis deux cents ans comme les chefs-d'œuvre du genre. La grandeur de leur style est inimitable, et je dirai même, quoique avec une certaine hésitation, que ce style ne doit pas être imité, sous peine, pour l'artiste, de tomber dans le conventionnel, dans la monotonie et dans le théâtral. Au temps de Louis XIV et de Bossuet, la grandeur était l'inspiration naturelle de l'art. Aujourd'hui, cette grandeur n'étant plus dans nos mœurs, celle que nous voudrions singer serait factice, et nos froides imitations n'attireraient plus de nombreuses sympathies. Ainsi, adorons le Poussin; mais étudions avec soin les peintres qui nous fourniront un enseignement plus praticable; étudions surtout cette nature qui est sans cesse variée, qui n'est jamais monotone ni guindée, qui nous dévoile ses innombrables et ravissantes beautés, selon l'amour que nous avons pour elle. Cette nature est grande, terrible, gracieuse, piquante, calme, orageuse, mélancolique, naïve, rustique, sauvage, sombre, riante, triste, brillante ; elle est tout ce que chaque nuance du caractère moral de l'artiste peut désirer.

Eh bien, voyons, pour commencer notre analyse, comment Gaspard Dughet, dit Guaspre Poussin, a senti cette nature. Il voyait en elle les belles formes d'arbres, de montagnes, de fabriques, et, malgré quelques fautes dans lesquelles il s'est laissé tomber, il possédait un art admirable de disposer les divers plans de ses tableaux. Le premier exemple de la Planche VIII lui appartient. Si par la pensée ou par le crayon nous contruisons le galbe de cette composition (Voir Planche VII), et c'est toujours par les contours des grandes parties ou masses qu'il faut commencer et comprendre une analyse, nous remarquerons la loi de la variété observée dans les masses principales. Il serait difficile de trouver, en quoi que ce soit, trace de symétrie, ni de répétition de longueur. Chaque nature d'objets y figure suivant les lois de la *variété* avec *analogie*. Ainsi, les arbres de gauche, sur le premier plan, ont des analogues dans ceux de droite, dans les buissons du milieu du terrain, et dans les arbres du second plan et du lointain. Mais combien de variété dans la forme de ces arbres, et combien ces formes contribuent à donner de la profondeur aux derniers plans ! Le terrain coupé du premier plan à gauche, la montagne du milieu et celle du dernier plan sont encore des objets analogues et variés de forme. La même règle est observée dans les figures ; et à ce sujet je ferai observer que sur le tertre à pan coupé de gauche se trouve un berger conduisant un troupeau, détail que la petite dimension de mon dessin ne m'a pas permis de rendre convenablement. Enfin, il y a au dernier plan quelques fabriques qui offrent un exemple de plus d'analogie avec le château qu'on aperçoit sur la montagne.

Si maintenant nous portons notre attention sur le paysage de Claude Lorrain, figuré sur la même Planche VIII, il sera facile de reconnaître la variété qui caractérise les grands contours de la composition, ainsi que les analogies offertes par les arbres, par les figures, par les fragments d'architecture et par les animaux. Il n'y a pas jusqu'aux parapets et aux soutiens du pont en bois qui n'offrent un exemple de *variété* avec analogie. Ma lithographie, faite d'après une gravure, peut-être peu exacte, offre un défaut : il y a maigreur et monotomie de formes ou parties dans la silhouette de la grande masse d'arbres sur le milieu du tableau. Au reste, Claude Lorrain est tombé assez souvent dans ce défaut de maigreur ; ses compositions sentent pour la plupart un arrangement pénible. La touche froide de ses peintures indique, d'un autre côté, que les idées lui manquaient souvent et qu'il y avait peu de spontanéité chez lui. Harding, et plus que lui le Gradué d'Oxford , auteur du meilleur ouvrage d'esthétique sur les peintres de paysages anciens et modernes , accusent sévèrement Claude Lorrain d'avoir à tout moment méconnu les règles de la composition. Et cependant, malgré ces accusations dont je ne nie pas tout-à-fait la justesse, Claude reste et restera probablement long-temps encore le premier paysagiste du monde.

Comme on ne peut pas exceller en même temps dans toutes les parties de l'art, il suffit d'avoir atteint la perfection dans une seule de ces parties, pour être mis au premier rang. Or, aucun paysagiste n'a connu les lois de la lumière comme Claude. Ses toiles sont, en outre, empreintes du sentiment poétique et profond, de la beauté calme et solennelle des belles campagnes méridionales par un ciel pur. A leur aspect, l'âme est saisie de cette rêverie qu'on éprouve lorsque le soleil , allant disparaître à l'horizon , colore toute la nature avec des tons d'une harmonie admirable.

Après ces deux exemples , empruntés à d'anciens maîtres hautement doués du sens idéal et poétique , je présente une marine de Bonnington, jeune maître, qui a montré, dans le peu d'années qu'il a vécu, un sentiment extraordinaire des beautés pittoresques de la nature. Il peut être considéré comme le père de notre jeune école contemporaine de peintres de genre, de paysage et de marine. Le specimen que j'ai dessiné sur la Planche VIII, et dont il faut voir le galbe analytique dans la Planche VII, ne laisse rien à désirer sous le rapport de la variété dans l'analogie. Il est impossible de trouver de plus heureux rapports dans les grandes lignes de la composition, ainsi que dans ses plus petits détails. L'analogie qui se montre entre les vaisseaux placés sur différents plans , fait bien comprendre ici le secours que donne cette analogie pour faire fuir ces plans les uns derrière les autres ; car les dimensions connues de ces vaisseaux et celle qu'on leur donne dans le tableau, suivant les règles de la perspective, indiquent parfaitement les distances auxquelles ils se trouvent placés.

Le quatrième exemple de la Planche VIII démontre encore le plus heureux emploi de l'analogie. Les tours, les ouvertures cintrées, les figures, les moulins à vent, les montagnes, les terrains, tout est répété en dimensions différentes et sur différents plans, et concourt à déterminer la profondeur relative de ces plans. Les masses principales de la composition offrent, en outre, les plus heureuses proportions; aussi, ce tableau, connu sous le nom de *Coup de Soleil*, est peut-être la plus belle œuvre de son auteur, qui se nomme Ruysdaël.

Ce maître justement célèbre n'est pas toujours aussi heureux dans ses compositions ou dans le choix de ses sites. Il aime tant la nature, qu'il l'aime aveuglément. Il la trouve adorable dans des objets que la plupart des artistes trouvent sans valeur poétique ni pittoresque. Certainement, la nature a des charmes ravissants que ne savent pas découvrir des yeux bien clairvoyants d'ailleurs; elle n'a pas besoin pour nous plaire, d'étaler la pompe des paysages poussinesques, ni les scènes d'orage de Turner : un buisson, un ruisseau coulant sur un petit terrain couvert d'herbes, un petit bosquet, peuvent avoir une valeur pittoresque et un caractère poétique immense; mais, dans cet ordre humble de sujets, il y a un choix à faire. Il y a des exigences et des moyens de l'art à considérer, et vraiment Ruysdaël n'en a pas toujours tenu compte. Du reste, ce maître a déployé dans la vérité et dans l'harmonie des tons, dans une habile naïveté d'un pinceau exempt de manière, un mérite admirable, et ces qualités sont plus que suffisantes pour lui faire occuper un rang des plus honorables parmi les anciens paysagistes.

Il y a sans doute un grand art dans ces riches compositions des Poussin et de Claude Lorrain : ces beaux arbres, ces fabriques prises aux débris d'architecture antiques dont l'Italie est couverte, font naître de nobles pensées; mais, à côté de la richesse, la simplicité a bien son prix. Prenez, en effet, la Planche IX, et regardez cette admirable composition d'Albert Cuyp. Cette marine est calme comme un paysage de Claude Lorrain; mais l'effet est produit par des moyens plus simples. Une telle peinture, conçue avec tant d'âme, ne s'analyse pas ; il faut l'admirer sans la disséquer ; il faut aller contempler l'original qui est un des diamans du Musée de Montpellier.

En donnant diverses règles de la composition, j'ai dit qu'il fallait éviter de mettre un objet juste au milieu du tableau, afin de ne pas le partager en deux parties symétriques. Ainsi, l'intérieur de forêt que j'ai dessiné d'après W. Schirmer, professeur à Dusseldorf, présente une violation de cette règle. Mais le sujet de ce paysage est si heureux, ce coin de forêt est tellement mystérieux, tellement silencieux ; il y a un si grand sentiment des beautés intimes et secrètes de la nature, qu'ici le fond emporte la forme.

L'exemple emprunté à L. Cabat possède le charme poétique que je viens de signaler dans le tableau du paysagiste allemand, et n'offre pas les mêmes fautes. Il est, au contraire, complétement louable pour son mérite de composition ; toutes les masses y sont dans les plus heureuses relations, et il est surtout remarquable par l'unité qui existe entre tous les éléments du sujet.

Il n'est pas nécessaire d'avoir examiné les innombrables œuvres de lithographie, publiées par Harding depuis plus de vingt ans, pour reconnaître en lui une science et une habileté prodigieuse. Depuis sa belle collection de grandes études (*Sketches at home and abroad*), jusqu'aux petits *Drawing Books* annuels ; depuis les gravures du *Landscape annuals*, jusques à celles de son dernier livre de théorie (*Principles and practice of art*), le maître habile se manifeste partout, dans la disposition d'une grande scène comme dans un petit croquis, et ce maître apparaît avec tout son talent de composition dans l'exemple que j'emprunte au frontispice de son livre que je viens de citer.

Quelque petit ou insignifiant que soit le sujet qu'il ait à traiter, il embellira tellement le fond par la forme, qu'il fera toujours un ouvrage charmant. Ajoutez que Harding possède comme graveur et comme lithographe, un talent d'exécution exceptionnel et sans égal peut-être.

Si vous examinez l'exemple donné à la Planche IX, vous remarquerez que toutes les lois de variété et d'analogie que j'ai expliquées, y sont observées parfaitement. Cependant, comme Dieu n'a jamais tout donné à un seul homme, qu'il a refusé la couleur à Raphaël ou le dessin à Rubens, il faut dire qu'en général les œuvres de Harding sont simplement pittoresques, et manquent de cette poésie qu'on aura sans doute découverte

20

dans les exemples de Schirmer et de Cabat. La nature n'est pas vue par
Harding, comme par presque tous les poëtes allemands. Il n'est pa
touché de la *grüne Nacht* des forêts, ni de l'*Abend-Dæmmerung*. En introduisant dans ses compositions les œuvres de l'homme, et même les
œuvres les plus vulgaires, telles que bateaux, charrettes, maisons
domestiques, il ne porte pas l'esprit vers l'idéal, comme cela pourrait
arriver s'il ne représentait que les œuvres de Dieu : les arbres, les
eaux, les montagnes, le ciel ; car ces œuvres sont plus belles que celles
de l'homme, et dans cette circonstance il est permis de dire avec le
philosophe de Genève : « Tout est beau sortant des mains de la nature ;
tout dégénère dans les mains de l'homme. » Si ces paroles sont vraies
pour quelqu'un, c'est certainement pour le peintre. Pour lui, il n'y a
pas à hésiter entre le jardin potager et la forêt inculte, entre l'homme en
toilette, à la mode, et l'homme nu. Mais je reviens à Harding. Quelque
privé de poésie qu'on puisse le trouver, il y a peu d'aussi bons maîtres
à étudier pour la composition, et quelque trésor de sentiment qu'on
possède dans son âme d'artiste, il faut apprendre la science, sous peine
de produire des œuvres dépourvues de beaucoup de qualités indispen-
sables et surtout de sens commun. Il serait alors difficile de trouver un
maître plus habile que Harding.

L'histoire de l'art nous apprend qu'il y a toujours eu des voies bien
différentes pour se distinguer du vulgaire. Pendant que les uns, doués
d'une énergique originalité, passent par-dessus toute tradition, n'écoutent
que leur audacieux instinct ; d'autres, plus prudents, plus raisonnables
peut-être, respectent le passé et lui demandent des leçons. Les premiers,
en tombant dans des écarts fâcheux, surtout au début de leur carrière,
montrent des faces nouvelles de l'art, tandis que les seconds, toujours
sûrement guidés par l'exemple du passé, lui empruntent ce qu'il a fait de
plus grand et produisent des œuvres accomplies. Il est bien entendu que
je ne prétends pas parler ici de ceux qui n'ont pu qu'être copistes et imi-
tateurs, mais de ceux qui se sont inspirés, comme Raphaël et tant d'autres hautement estimés, de l'antiquité et des maîtres leurs prédécesseurs
ou contemporains. Parmi les paysagistes modernes, Paul Flandrin est un
de ceux qui ont respecté le plus religieusement les belles traditions du

Poussin. Son respect pour le vieux maître n'a , du reste, nullement em-
pêché son sentiment délicat et poétique de se manifester d'une manière
originale. L'exemple que je donne dans la Planche VII , est fait d'après
un grand tableau , admirable par l'élévation et la grâce du style. Au
point de vue technique de la composition, cet exemple n'est pas moins
remarquable. Les parties principales offrent les plus heureuses proportions, et la loi d'analogie y est parfaitement observée.

Le dernier exemple de la même Planche VII est emprunté à J. Bellel.
On sait la haute estime que s'est attirée ce jeune paysagiste, par les grands
dessins qu'il expose , chaque année , au Louvre , et qui lui ont valu un
premier prix. Peu de maîtres ont montré , en effet , autant de science
et autant de ressources que lui dans le choix des belles formes d'arbres
et dans leur arrangement. L'exemple que je donne , satisfait à toutes les
règles de la composition , et se distingue par l'unité et la simplicité dans
les éléments du sujet.

Il y a une vingtaine d'années environ , les compositions des paysagistes étaient presque toutes des paysages dits de style , et ce style était
italique ou poussinesque. A cette époque, plusieurs ardents novateurs ,
qu'on appela romantiques, crurent que la nature pouvait se montrer belle
et grande , sans qu'elle fût vue derrière la coulisse de grands arbres
sur le premier plan, et sans la perspective d'aucun temple grec ou romain.
Corot fut un de ces novateurs , et son tableau d'Agar dans le désert , fit
une grande sensation à son apparition. A côté des toiles de Victor Bertin,
de Bidault et de Michallon , celle de Corot devait paraître étrange ; cependant , tout y est noble , grand , sévère et d'un bon choix de forme.
Loin d'être une violation des principes fondamentaux que j'ai sanctionnés
par les exemples des plus grands maîtres , la composition de Corot s'y
montre , au contraire , parfaitement conforme. On peut , d'après le dessin
que j'ai donné à la Planche X , observer une triple analogie frappante :
1° entre les montagnes et les rochers du premier plan ; 2° entre les arbres des différents plans ; 3° entre les trois figures. Tous ces éléments
de la composition se trouvent disposés de la manière la plus sage et la
plus heureuse.

Il est , sans doute , bien raisonnable de croire que le sujet de tout tableau est un point important, et il semble que le peintre ne devrait jamais négliger ce moyen puissant d'intéresser le spectateur. Cependant, il y a des artistes tellement convaincus de la puissance de l'art pur, qu'ils prétendent qu'un sujet n'a de la valeur que par la manière dont il est traité. En effet, tandis que des peintres médiocres ne sauraient arrêter nos regards en peignant les plus beaux faits d'histoire, Rembrandt nous enthousiasme avec une tête du premier bourgeois qui est allé se faire faire son portrait, et Hondekooter nous captive profondément avec des poûles. A l'exemple de ces vieux maîtres, artiste pur et absolu, notre contemporain Jules Dupré prend une broussaille, une mare, une chaumière, un moulin à vent pour sujet, et il nous soumet par la force de son talent. Je donne, à la Planche X, le dessin d'un petit tableau qu'il peignait un jour devant moi, en exposant ses doctrines avec l'éloquence de la conviction et de la puissance. Je regrette de ne pouvoir reproduire le charme et la force d'exécution de cette petite toile ; mais j'espère que mon dessin fera comprendre la simplicité de moyens, l'unité, la science dans la disposition des lignes principales, la concentration de l'intérêt au centre du sujet qui distinguent cette composition si simple.

Dans les deux derniers paysagistes que je viens de citer, P. Flandrin et J. Dupré, il semble y avoir une telle contradiction de doctrines, que j'éprouve le besoin de me livrer à une digression à cet égard. On se tromperait si l'on pensait que les artistes doués, comme Dupré, du pouvoir d'innover, rejettent toute tradition. Ils peuvent rejeter la tradition des uns, mais ils acceptent celle des autres, et, quelque originalité qu'ils montrent, cette originalité ne se montre que dans quelques parties, le reste suit les règles connues, car il n'y a pas d'homme assez supérieur à ses semblables pour se passer de leur secours. Celui qui mépriserait entièrement le passé, serait bien certain de ne pas vivre long-temps dans l'avenir.

Entre le respect des traditions et des formes adoptées par Poussin ou Claude, et le genre rustique puisant son expression et sa valeur dans la seule force de l'art, il n'y a que l'instinct de l'artiste qui puisse choisir. Il n'y a aucune raison absolument vraie qui fasse accepter un système et rejeter l'autre, d'autant plus que chacun de ces systèmes a été suivi

— 155 —

séparément par des hommes éminents, reconnus également grands par tout le monde. Il faut dire, d'un autre côté, qu'on a trop exclusivement réservé la qualification de grand style, à ces sujets dans lesquels figurent, comme je le disais tout-à-l'heure, de grands arbres en coulisse sur le premier plan, des temples grecs ou des fabriques italiennes sur le second, et des figures vêtues de la tunique antique. Certes, la nature est moins bornée dans la variété de ses grandes scènes. La mer, dans son calme comme dans sa fureur, les montagnes escarpées, les forêts sombres ont des aspects aussi poétiques et aussi grandioses que tous les sujets peints jusqu'aujourd'hui dans le style classique.

Un vieux chêne au tronc couvert de mousse, un ormeau au feuillage jauni par l'automne, un pâtre à la physionomie presque sauvage, menant ses vaches et ses chèvres au bord d'une mare; tout cela, rendu avec la force de sentiment et d'exécution que possède Dupré, me paraît aussi poétique et aussi grand de style que les lauriers, les fontaines limpides et les nymphes que tant d'autres ont pu peindre. Pour méconnaître la grandeur de style dans les rusticités de Dupré, il faudrait être par trop dévoué à la beauté conventionnelle.

Certainement, l'esprit conçoit la possibilité d'une plus haute perfection, que Dupré semblerait pouvoir réaliser, s'il élevait le choix de ses sujets à la hauteur de son exécution; mais, le grand Poussin l'a dit : Il n'est pas donné à l'homme d'être complet. Il y a, chez tout artiste, des qualités qui en excluent d'autres et qui en sont l'antagonisme. Ainsi, ne demandons pas à Dupré ces sensations délicieuses que nous éprouvons devant une toile de Paul Flandrin. La délicatesse un peu molle du pinceau de cet artiste, la recherche de tout ce qui est tendre, doux et idéal, donne à ses œuvres un je ne sais quoi de distingué, de suave et de mélancolique, qu'on chercherait en vain dans les œuvres touchées de la brosse robuste et hardie de Dupré. Il faut donc se résigner à être incomplets, suivre notre instinct dans les voies diverses de l'art, allier le culte des maîtres avec la recherche du neuf, et trouver son chemin entre la froide copie de nos devanciers et les innovations bizarres qni mènent à l'absurde et au ridicule.

Assez de ces considérations un peu étrangères au but de cet ouvrage, qui n'est autre que d'exposer, d'une manière élémentaire, les conditions du beau pittoresque.

Une grande quantité d'exemples empruntés aux maîtres de l'art ont montré que ces conditions étaient la variété avec analogie.

Quoique ces exemples ne soient que des paysages, il est facile de comprendre, par simple induction mentale, que les conditions sont les mêmes pour les autres genres de peinture, pour l'architecture et pour la sculpture.

Les musées, les monuments anciens et modernes, les collections d'estampes fourniront largement matière à l'analyse raisonnée des beautés et des défauts des œuvres d'art de tout genre. Aussi, ce n'est que pour jeter un peu de variété dans les exemples présentés dans mes Planches, que j'ajoute un sujet d'animaux et deux intérieurs gothiques.

Le dessin d'animaux est fait d'après le ravissant petit tableau de Paul Potter, qu'on voit au Musée de Montpellier.

La loi de variété avec analogie est parfaitement observée dans la pose des trois vaches ; l'analogie avec le groupe du premier plan est établie par les animaux placés dans le lointain ; pareille analogie est observée entre les arbres du premier plan et ceux du lointain. L'oiseau qui vole à droite, introduit de l'intérêt dans une partie de la composition qui serait trop vide sans cela, et par sa teinte obscure il donne de la profondeur et de la clarté au ciel.

Bien que l'intérieur d'un monument d'architecture offre beaucoup de symétrie et des dimensions égales, la variété se produit par l'effet de la perspective qui incline les lignes et change l'apparence de leur dimension.

Il suffit ainsi de changer de place, en regardant un intérieur, pour produire une grande variété d'aspect.

Les deux exemples offerts dans ma Planche X sont empruntés à deux artistes d'un grand mérite dans ce genre : à Bouton, le collaborateur de Daguerre, dans l'exécution du diorama, et à Samuel Prout, dont les dessins d'architecture lithographiés jouissent d'une grande estime (1).

(1) S. Prout est aussi l'auteur de *Préceptes et pensées pratiques sur la composition et le clair-obscur*. (Practical Hints.)

La partie théorique de cet ouvrage est trop courte et manque de fondement ; mais

Croyant avoir suffisamment expliqué l'application de ma théorie à la composition , je termine ici ce que j'avais à dire sur cette partie importante de l'art. Il est inutile d'ajouter que je n'ai pas eu la prétention de donner jusqu'ici des recettes ou procédés pour créer une bonne composition pittoresque. Le choix des rapports des lignes aura toujours pour juge le goût et la science , qui ne s'acquièrent ou ne se développent que par une longue pratique.

—

CHAPITRE III.

DU CLAIR-OBSCUR.

En tombant sur les corps par divers angles d'incidence, la lumière produit des points brillants , des demi-teintes , des ombres propres , des ombres portées et des reflets. Ces effets , connus de tout le monde , se produisent suivant des lois précises , que la physique enseigne théoriquement et que le peintre étudie d'une manière pratique , en observant attentivement la nature.

Quand on pense que la nature possède le soleil pour produire ses lumières , et le vide dans l'obscurité pour produire ses ombres, tandis que nous n'avons, pour lutter avec elle , que la blancheur du papier et la teinte foncée , mais éclairée d'un peu de noir artificiel , on est effrayé de l'impuissance des moyens du peintre dans cette partie de l'art. Et , cependant, malgré cette impuissance , le faible degré de vérité que l'artiste peut atteindre dans l'emploi du clair-obscur , lui offre des ressources étonnantes , s'il possède la science qui peut le guider dans l'emploi des ombres et des lumières.

Par cette science , les moyens d'exprimer la forme sont complétés , et

les discussions et observations des nombreux exemples de composition sont pleines de justesse et de vues pratiques.

on doit se rappeler à quel point j'ai fait sentir l'importance de cette qualité des objets.

Leur solidité et leur relief sont exprimés par le même emploi du clair-obscur.

Par les ombres et les lumières nous donnons des idées singulièrement justes de la profondeur des plans et de l'espace.

Nous pouvons donner aussi, assez approximativement, sinon l'idée de la couleur, du moins celle du ton ou de l'intensité de cette couleur.

Par les moyens du clair-obscur maniés adroitement, nous pouvons, dans un sujet, mettre en évidence ce qui offre le plus d'intérêt et cacher ou atténuer les parties qui en manquent, ou dont les détails, trop nombreux, seraient capables de détruire l'intérêt de la composition.

Les contrastes ou le rapport des lumières, des demi-teintes et des ombres, autant dans leur intensité que dans leur forme, produisent sur notre âme des impressions variées, comme celles que j'ai démontré être produites par le contraste et par le rapport des lignes, lorsque j'ai développé les principes fondamentaux de ma théorie, et présentent ainsi un grand moyen d'expression et d'effet.

Nous verrons régner, sous ce dernier rapport, les mêmes lois de variété, d'analogie et d'interruptions de progressions que nous avons établies pour les lignes.

Il s'agit maintemant d'expliquer clairement et de démontrer ces propriétés du clair-obscur. Je pense que, de mes explications, découleront naturellement les moyens d'utiliser ces précieuses propriétés.

Le simple trait, au croquis, d'un objet est une pure abstraction ; nous la comprenons cependant parfaitement, grâce à notre éducation.

En effet, pour que quelques lignes noires, tracées sur un papier blanc, comme dans la Planche XII, fig. 1-2, soient acceptées comme la représentation d'objets le plus diversement colorés et les plus variés dans leur contexture, tels que terrains, végétation, rochers, ciels, il faut, dis-je, une éducation dont l'homme seul est susceptible.

Ainsi, il y a des esprits incultes et mal organisés qui n'apercevraient pas l'imitation de la forme humaine dans un carton de Michel-Ange. Cette imitation ne peut leur être rendue sensible que par la couleur et,

ce qui est très-singulier , par la couleur locale seulement ; car les nuances produites par les ombres et par les demi-teintes sont des effets qui ,
pour eux , contrarient plutôt l'imitation qu'ils ne l'aident. En cela , le
chien qui se met à aboyer à la vue d'un portrait, leur est supérieur en intelligence. Pour les esprits cultivés, le simple trait est, au contraire, la plus
exacte et la plus grande expression des beautés de la nature et du talent
de l'artiste ; car ce simple trait est l'écriture avec laquelle il écrit ce qu'il
sent et ce qu'il sait. Aussi , le peintre habile est-il , qu'on nous passe l'expression , plus éloquent avec son crayon , que le peintre médiocre avec
sa palette. Mais , quoi qu'il en soit et dans beaucoup de cas , un simple
trait ne donne pas l'idée de la solidité ni celle de l'espace , et l'application
des ombres sur ce trait donne parfaitement ces idées. La comparaison
des exemples ombrés de la Planche XII avec les croquis des mêmes sujets , rendra matériellement évident ce que je viens d'exposer sur une
des qualités du clair-obscur.

Cependant , pour donner ces idées de relief , d'espace et de solidité ;
en d'autres termes , pour donner de la profondeur aux divers plans du
tableau , il ne suffit pas toujours d'observer les dégradations de tons
que nous présente la nature , le plus ordinairement, par un ciel pur et
serein. Cette échelle de dégradations , qui constitue ce qu'on appelle la
perspective aérienne , offre souvent des difficultés , sinon des impossi-
bilités à être rendue dans toute son étendue. Ici se présentent deux
questions : Faut-il chercher à établir entre le blanc du papier ou de
notre palette et nos couleurs foncées, une série de dégradations de tons
proportionnelles à celles qui existent dans la nature entre la lumière
directe du soleil et l'obscurité d'un trou profond? Ou bien : Convient-il de
suivre les proportions de la nature pour une partie de l'échelle des tons,
pour ceux des lointains , par exemple, et de sacrifier le reste ? Comme
ces deux moyens ont été également pratiqués par les maîtres et offrent
chacun des avantages compensés par des inconvénients, l'artiste reste
libre de choisir , suivant la disposition des parties de son sujet ; mais
quelque détermination qu'il prenne , il rencontrera des cas dans lesquels ,
malgré toute la volonté qu'il aura d'être simple , il sera obligé de recourir
à quelques artifices fournis par le clair-obscur.

21

S'il veut rendre l'étendue d'une vallée, observée d'un point de vue élevé, s'il veut faire fuir, les unes derrière les autres, des parties semblables placées presque en contact et également éclairées, la différence de teinte donnée par la différence correspondante d'épaisseur de la couche d'air ou de vapeur n'est plus sensible, et il faut avoir recours au puissant moyen des ombres portées ; seulement il ne faut pas en abuser comme d'un procédé qui pourrait tenter par sa facilité ; mais, en l'employant, on doit réfléchir que les masses d'ombres portées produisent un effet un peu cassant ; qu'elles tendent à détruire le caractère de calme qu'on observe dans ces vues de profonds horizons que Claude Lorrain a su si bien rendre sans artifice ; il faut aussi craindre l'emploi des ombres portées artificielles, parce qu'étant seulement indiquées par l'imagination, on est obligé de les peindre sans avoir observé convenablement la nature, et en assignant la cause de ces ombres à des objets qui ne sont pas dans le tableau : à des rochers, à des fabriques, à des arbres et à des nuages. Dans cette circonstance, comme dans beaucoup d'autres, ce sera le goût, l'instinct de l'artiste, qui feront prendre une détermination entre la froideur d'une imitation faible et insuffisante, et la hardiesse commandée souvent par la nécessité ou inspirée par le génie. S'il est bien de respecter la tradition des anciens maîtres, il n'est pas mal non plus d'oser parfois tout ce qui est probable, et de frapper l'imagination, comme l'ont fait Turner, Rembrandt et d'autres, par des effets qui dépassent l'apparence journalière et ordinaire de la nature. Il y a, pour le clair-obscur, une beauté idéale, comme il y en a pour la forme. Le sillon de la foudre, au milieu d'épais nuages, presque tous les couchers de soleil, les clairs de lune, le jeu des rayons de lumière dans une forêt touffue ou dans un intérieur architectural, tous ces effets de clair-obscur sont de nature à produire de grandes impressions sur l'âme de l'artiste qui pourra en exprimer la haute poésie.

Pour mieux faire sentir ce que je disais tout-à-l'heure sur l'emploi artificiel des ombres portées, je reprendrai la Planche XI. Le croquis N° 1 de cette Planche représente une vue très-connue des environs de Montpellier, vue charmante et d'un caractère tout italien, mais qui présente au dessinateur de grandes difficultés d'imitation. Un simple croquis est, en effet, insuffisant pour exprimer cette succession de plans, de coteaux et de collines qui, se développant depuis les bois de La Valette jusqu'à la montagne de St.-Loup, donnent l'idée d'une vaste étendue. Mais, au moyen des ombres portées artificielles, cette succession s'exprime ainsi que j'ai tâché de le faire dans l'exemple N° 3.

Un accident très-pittoresque produit par un affaissement de rochers, et connu, à Montpellier, sous le nom de Cros-de-Miège, me fournira encore un exemple de la puissance du clair-obscur, pour donner l'idée du relief et de l'espace. Le croquis du site N° 2 offre bien, en effet, un mélange de lignes très-heureux; mais, combien les ombres indiquées sur l'exemple N° 4 complètent les notions de forme et d'espace, en indiquant les plans respectifs sur lesquels se trouvent placés tous les éléments du sujet! Quant aux effets hardis du clair-obscur, la Planche XIII en offrira des exemples dont je ne dois pas encore analyser le mérite.

J'ai dit que le clair-obscur donnait également l'idée de la couleur. Absolument parlant, cette proposition paraît fausse, car il n'est certainement pas possible que les divers tons de gris que peuvent produire la gravure ou le crayon, expriment les couleurs jaune, bleue, verte ou brune. Mais, comme un dessin détermine parfaitement la nature des objets, notre mémoire nous en rappelle les couleurs, et alors, les tons variés que peut produire le crayon noir, complètent et fixent l'idée de cette couleur.

Ainsi, lorsque nous voyons un portrait seulement dessiné au crayon noir, nous jugeons très-bien si le modèle a les yeux bruns ou bleus, les cheveux blonds ou noirs, le teint blanc ou brun. Dans un simple dessin, je peintre de fleurs intelligent nous fait apprécier la blancheur du lys et la couleur rouge foncé de la pivoine. Les gravures, d'après les paysages de Claude Lorrain, nous représentent assez justement les couleurs d'un jaune chaud des couchers de soleil, que le peintre a reproduits habituellement. Les gravures, d'après Rembrandt, nous paraissent d'un ton roux et brun foncé, comme les peintures originales de ce maître; tout comme un dessin, d'après une fresque de Giotto ou de Fra-Angelico, nous exprime la pâleur du coloris de ces maîtres gothiques. En un mot, c'est avec juste raison qu'on dit qu'un dessin est plein de couleur.

Il me reste à parler de cette puissance du clair-obscur qui tient aux rapports existants entre notre sensibilité et la disposition de certains tons de gris, de blanc et de noir. Nous avons fait reconnaître, dans la première partie de ce travail, quels étaient ces rapports de notre organisation intellectuelle avec la forme des lignes. Nous allons voir maintenant que nous sommes affectés par la relation des tons, comme par la relation des lignes, et que le beau dans le clair-obscur a le même élément, c'est-à-dire la variété avec analogie et avec interruption de progression dans l'intensité des tons. Ces principes avaient déjà été posés, d'une manière moins générale et moins méthodique, il est vrai, par un homme considéré, à juste titre, comme une grande autorité dans l'art, par Josua Reynolds. Il dit, en effet, dans ses notes sur le poëme de Dufresnoy : *Une peinture doit avoir trois endroits lumineux, sur lesquels la lumière doit être rendue avec des formes et des degrés d'intensité différents.* Ce précepte, présenté d'une manière empirique, rentre dans celui de la *variété avec analogie,* que j'ai démontré comme étant fondé sur notre nature intellectuelle. On prescrit aussi de mettre la lumière principale vers le centre du tableau, par les mêmes motifs qui font réserver cette place à l'objet le plus intéressant d'une composition.

Ces préceptes sont susceptibles d'être exprimés par des formules figurées, ainsi que je l'ai fait par la composition (voyez page 17); ainsi, l'exemple 1 de la Planche XII peut être considéré comme une formule de variété avec analogies complexes; les exemples 2, 3, 4 et 5 de la même Planche sont de bonnes formules de variété double de ton et de quantité, et les exemples 7, 8 et 9 de la Planche XI peuvent faire apprécier l'effet des progressions interrompues ou non dans l'intensité des tons. On observera, de plus, que ces trois exemples sont mauvais en quantité ; que le N° 7 est mauvais comme progression d'intensité, mais que le N°ˢ 8 et 9 sont excellents sous le rapport des successions de tons.

La vue de ces figures donne lieu à l'observation d'un fait vulgaire, il est vrai, mais dont l'importance est si grande pour l'artiste, que je m'y arrêterai; savoir : que la même teinte change d'apparence de valeur, suivant ses contacts et ses rapports avec d'autres teintes.

En effet, si vous placez un fragment de papier gris sur une feuille de papier très-blanc, le fragment paraîtra d'un ton foncé; tandis que, si vous le placez sur une surface obscure, sur un drap de velours par exemple, il vous paraîtra d'un ton brillant. Les figures 5 et 6 de la Planche XI prouvent ce fait. Les figures 7, 8 et 9, placées au-dessous, doivent faire sentir également que l'interruption des progressions dans la succession des teintes met en contact les tons les plus opposés et augmente leur valeur relative. Or, comme les moyens de l'art sont bien faibles dans l'expression des effets de lumière et d'ombre, il y a un grand secours à obtenir de la mise en contact des tons les plus obscurs avec les tons les plus brillants, et nous verrons que les maîtres en ont tiré un parti habile.

Des faits de contraste que je viens d'indiquer découlent encore les remarques suivantes, dont l'importance sera facilement appréciée; savoir : que lorsqu'une composition sera principalement couverte d'ombre et de demi-teinte, les lumières paraîtront plus brillantes; que si, au contraire, les demi-teintes et les lumières dominent, les ombres paraîtront plus vives. Chaque combinaison de teinte et de lumière offre ainsi un résultat certain pour l'effet général d'un sujet. Ce sera, dans chaque cas, et comme presque toujours, le goût de l'artiste qui pèsera les avantages et les inconvénients de chaque manière, et qui jugera de sa convenance avec le sujet qu'il doit traiter. L'école flamande ancienne et les artistes anglais contemporains ayant donné une grande importance dans leurs ouvrages à ces effets de clair-obscur, je ne puis mieux faire que de recommander ces œuvres à l'attention du lecteur désireux d'avoir des idées étendues sur cette partie de l'art.

Ici, dans les bornes étroites qui me sont tracées, je me contenterai de démontrer, par des exemples peu nombreux, mais très-caractérisés, la vérité des principes du beau dans le clair-obscur : j'en appellerai aux œuvres des maîtres qui se sont le plus distingués dans cette partie de l'art; j'en appellerai au goût et à l'instinct du vulgaire.

Qui n'a remarqué l'heureux effet du linge dans la toilette? Tous les jours, nos dames, nos artisannes, en portant des cols, des manchettes, des bonnets, pratiquent des principes d'art transcendants, sans s'en douter. Elles exécutent dans leur toilette, par pur instinct, ce que Titien ou Wandyck combinaient savamment dans leurs admirables portraits. Elles font de la prose, comme M. Jourdain, et les plus éloquentes dans cette langue exprimée par les rapports du blanc, du noir et de la demi-teinte, sont sans contredit, les jeunes filles d'Arles, qui se sont fait nommer belles par tous ceux qui ont été frappés de l'heureuse combinaison des tons de leur costume. Wandyck n'aurait pas trouvé un plus séduisant specimen de la variété avec analogie. Du reste, voyez la figure dessinée sur la Planche XII. On trouvera sur cette même Planche, deux mains qui sont une expression pittoresque des formules tracées dans les figures 7 et 9 de la Planche XII.

Dans la première de ces mains, les tons décroissent progressivement, tandis que, dans celle placée au-dessous, ces tons s'interrompent et produisent ainsi plus de variété et de contraste. Aussi, l'effet pittoresque en est meilleur. Si la manchette, en d'autres termes, si la partie brillante était enlevée de la combinaison de tons que présentent les deux figures, la variété serait moindre, car elle n'aurait que deux éléments : le noir et la demi-teinte ; il en résulterait de la monotonie et cette apparence de saleté que présente un costume sans linge blanc. Toutes les personnes qu'on rencontre dans la rue, peuvent être prises comme illustration des principes que j'établis.

Les figures 1, 2, 3, 4 et 5, données en haut de la Planche XII, ne sont que des formules abstraites, comme celles que j'ai présentées pour la *variété* et les *progressions* dans la *forme*. Dans tous les exemples que je vais fournir pour le clair-obscur, et que j'ai empruntés aux grands maîtres dans cette partie de l'art, on sentira facilement l'application de ces formules. Ainsi, tous les rapports de quantité et d'intensité de tons qu'offre la formule N° 1, se trouvent dans le tableau de poules de Hondekœter, dont une petite lithographie ne rappelle malheureusement qu'un faible et inexact souvenir ; mais, malgré l'inexactitude et la faiblesse de la reproduction, on découvrira, j'espère, la science profonde et l'artifice avec lesquels sont distribués les divers tons de cet admirable tableau. Quel éclat prend le plumage blanc de la poule par le contact du petit poulet noir placé immédiatement à côté ! On retrouve sur le corps des autres oiseaux l'accomplissement de la loi d'analogie ; il n'y a pas jusqu'à la plume détachée, à droite, qui, par ses petites portions de blanc et de noir, ne joue un rôle important dans la composition générale. Autour du centre, autour de ce contraste puissant de blanc et de noir rayonnent, dans tous les sens, des échos affaiblis de ce contraste et constituent une harmonie parfaite.

Cette manière de disposer les groupes et rapports de tons, de ramener vers le centre de la composition le contact des tons les plus opposés d'ombre et de lumière, en d'autres termes, ce système de clair-obscur est celui qui offre le plus d'avantage et qui a été le plus généralement pratiqué. Si l'espace me l'avait permis, j'aurais pu reproduire dans mes planches une nombreuse série de chefs-d'œuvre. En tête, j'aurais placé l'ensevelissement du Christ, par Titien, morceau capital que possède le Musée du Louvre. Ensuite, j'aurais pu faire un superbe choix dans les paysages de Claude Lorrain, si parfait de grandeur, de simplicité dans la distribution de la lumière. Puisse l'exemple que je donne à la Planche XIII, faire comprendre ces qualités! Celui placé en dessous et que j'emprunte au paysagiste anglais W. Turner, est traité avec bonheur dans le même système. Le coucher de soleil d'après Th. Rousseau, n'est pas moins heureux dans les rapports des divers tons de lumière.

Quant à d'autres combinaisons cherchées, trouvées ou pratiquées systématiquement par des maîtres, il y en a de très-intéressantes à étudier. En couvrant presque tout le champ de ses compositions avec des tons très-obscurs, et ne réservant que de très-petites places pour ses lumières, Rembrandt a donné à ses tons lumineux le plus grand degré possible de brillant.

A défaut de ces scènes d'intérieur dans lesquelles le maître a déployé toute la puissance de son clair-obscur, j'ai dessiné le portrait de sa sœur, d'après la toile qu'on voit au Louvre.

Les beaux portraits du Titien et du Tintoret, représentant généralement des personnages vêtus d'habits foncés et posés dans un fond sombre, offrent, comme le portrait de Rembrandt, le même éclat dans les tons de la tête et des petites parties de linge. Je ferai remarquer, au sujet de ces peintres et de leurs tableaux, que leur système est l'expression de la formule N° 4.

Le Corrège a donné beaucoup d'éclat aux lumières de ses tableaux, et cela , sans ce contact immédiat des ombres et des clairs les plus vifs. Son goût dominant pour la suavité et la douceur lui a fait préférer la progression dans le degré des tons ; progression qui serait exprimée par la formule N° 7 de la Planche XI, et par la tête vêtue d'un voile blanc de la Planche XII. En entourant ainsi les ombres des chairs et des vête- ments par des tons très-bruns , ces ombres gardent une grande trans- parence. Le tableau , très-connu de ce maître, représentant Vénus endormie et un satyre , est une merveille de cette manière de disposer les tons. J'aurais bien voulu pouvoir remettre ici le dessin de ce tableau sous les yeux du lecteur.

On peut , au contraire de Rembrandt, donner presque tout le champ d'un sujet aux tons lumineux , et ne répandre, sur ce champ , que quel- ques touches de tons obscurs. Cette manière convient très-bien à cer- tains effets , tels que ceux de neige ou de brouillard, et l'aspect à tous les sujets dont le caractère doit être doux.

La scène d'hiver , d'après Isaac Ostade , dessinée au bas de la Plan- che XII , et la ruine, au fond d'une rivière, qu'offre la Planche XIII , d'après W. Turner , doivent faire apprécier ce système de clair- obscur.

Il n'est pas nécessaire, je pense , d'augmenter le nombre des exemples déjà donnés, pour montrer l'infinie variété d'effet qu'on peut obtenir par les combinaisons de tons en quantité et en intensité. Si l'on doutait que , partout où ces combinaisons sont heureusement et sagement distribuées , ce résultat ne soit produit par la *variété* avec *analogie* , on n'a qu'à jeter ses regards sur des gravures faites d'après les maîtres qui se sont spécia- lement distingués dans le clair-obscur , tels que ceux des anciennes écoles espagnole et hollandaise , ou ceux de l'école anglaise contempo- raine , et on sera convaincu que l'emploi , par ces maîtres , des divers tons de lumière , d'ombre et demi-teinte , a été dirigé par une science ayant des principes fixes et certains. Mais , je le répète , les planches jointes à ce Mémoire , tout imparfaites qu'elles sont , doivent suffire. Je prie le lecteur de les revoir à peu près toutes ; s'il sait les analyser con- venablement sous le rapport du clair-obscur, et il doit le savoir, il re- connaîtra autant de variété dans les parties couvertes d'ombres et de demi-teintes ou frappées de lumière, que dans les contours des lignes qui déterminent la forme des objets.

Arrivés à la dernière de ces Planches, à la XIIIᵉ, je vois Turner, le plus célèbre des paysagistes anglais vivants, Claude Lorrain, accepté généralement comme le maître des maîtres, depuis deux siècles, et notre compatriote et contemporain Th. Rousseau, placés dans un contact qui fait naître inévitablement la pensée de comparer le présent et le passé, la France avec l'Angleterre. C'est un procès qui a été longuement et habilement débattu au-delà de la Manche, dans un livre considérable dont voici le titre : *Modern painters their superiority in the art of Landscape painting to all the ancient Masters, proved by exemples of the true, the beautifull, and the intellectual, from the works of modern artists, specially from those of J.-W. Turner* by a Graduate of Oxford. Il faut vraiment avoir du courage pour soutenir une pareille thèse ; mais l'auteur n'en manque pas ; il a de plus de l'éloquence, de la méthode, des vues philosophiques élevées. Il lui manque, par malheur, de la justice, de la bonne foi, du désintéressement et de l'impartialité. C'est avec ces qualités et ces défauts qu'il développe son thème dans chacun des chapitres de son livre. En examinant avec détail la manière dont chaque partie de l'art a été traitée, le gradué d'Oxford ne signale que les fautes des anciens maîtres et il reste aveugle devant leurs grandes qualités. Ainsi, par exemple, il appuie beaucoup sur ce que les rochers de Salvator Rosa ne rendent pas avec vérité la stratification des roches calcaires, et il n'a pas un mot d'admiration pour le caractère poétique de sauvagerie que ce maître a su donner à ses paysages. Les peintres français et allemands n'existent pas même pour le gradué d'Oxford. Les anglais contemporains : Harding, Standfiels, Cattermole, Calcott, Landseer sont loués, mais critiqués en même temps. Ils semblent n'être mentionnés que pour être sacrifiés à Turner, qui arrive à la fin de chaque chapitre, pour être porté sur le pavois et pour être encensé. Les toiles de Guaspre Poussin, de Claude Lorrain, de Both, de Cuyp, de Ruysdaël ne sont bonnes que pour servir de tapis de pied autour du trône de l'idole. Le gradué d'Oxford a vu, à ce qu'il paraît, et a étudié les galeries de Munich et de Florence, la galerie nationale de Londres,

22

celle dite de Dulwich ; mais il n'a sans doute jamais entendu dire que le Louvre existait et qu'il y avait, dans ce palais, trois mille tableaux qu'il aurait dû trouver au moins dignes de sa critique.

Voici, enfin, comment il s'exprime au sujet des artistes français : » *Leur entière ignorance de la couleur* leur rend l'usage de la brosse instan- » tanément fatal, et le sentiment faux, forcé et impie de la nation rend » impossible tout ce qui ressemble à quelque chose de grand. » (Page 397 du 1er volume de l'édition de 1848.) Ainsi Eugène Delacroix, Decamps, Dupré, Th. Rousseau, Marilhat, Diaz et autres sont des ignorants dans la couleur, et la grandeur, la poésie, le sentiment religieux sont étrangers à Ingres, à Flandrin, à Scheffer ! Cela est vraiment pitoyable et mérite les sifflets de tous les hommes qu'un orgueil de nationalité ou quelque intérêt personnel n'aveugle pas.

On a dû voir, en lisant mon travail de doctrine artistique, que c'est avec des sentiments bien différents que j'ai cité les artistes étrangers. En recherchant leur connaissance et leur commerce, en étudiant leurs travaux, j'ai été heureux de rencontrer chez eux le moyen d'agrandir ou de rectifier mes idées. J'ai été heureux de voir que la justice de Dieu ne donnait pas tout aux uns et rien aux autres ; mais, qu'au contraire, elle distribuait à chacun des dons divers. C'est avec ces sentiments que j'ai étudié Turner. Grâce à l'insigne obligeance de Harding, j'ai pu garder longtemps entre mes mains le *Liber studiorum* et le copier presque en entier. Cet ouvrage de Turner consiste en une collection de soixante-six planches, dans lesquelles se manifeste une faculté rare de traiter, par les moyens les plus variés, toute espèce de sujets en rapport avec le paysage, tels que marines, intérieurs, rochers désolés, glaciers, scènes terribles d'orage, aspects riants de bosquets, etc. La science du clair-obscur se manifeste dans tous ces sujets d'une manière frappante, et, sous ce dernier rapport, je regrette bien de ne pouvoir reproduire dans les planches jointes à ce mémoire que deux exemples pris à Turner. On trouvera, sans doute, que ces deux vues de bords de rivières justifient les éloges que je viens d'exprimer sur Turner ; mais on trouvera également qu'en grandeur de style et en idéal les deux sujets, d'après Turner, n'arrivent pas, pour la grandeur de style ni pour le caractère idéal de la composition, à la hauteur des sujets empruntés à Claude Lorrain et à notre jeune contemporain Th. Rousseau.

La réfutation du livre du Gradué d'Oxford n'étant pas le but que je me suis proposé ici, je quitte la digression que je me suis permise à cet égard, et ayant suffisamment démontré l'application de ma théorie au clair-obscur, je vais exposer de quelle manière cette théorie se lie à une autre partie de l'art.

—

CHAPITRE IV.

DE LA COULEUR.

J'ai trop insisté sur l'importance de la forme et des moyens que possède l'art de l'exprimer, pour attribuer la même valeur au coloris.

Cependant, si la couleur des objets est une qualité qui ne les caractérise qu'imparfaitement, elle n'en est pas moins un moyen et une source de sensations plus ou moins agréables. Indépendamment de toute forme, une couleur seule ou en rapport avec d'autres nous impressionne vivement. En effet, noir, rouge, bleu, rose, gris, vert, blanc, etc., sont des mots qui font naître dans notre âme des idées de tristesse, de joie, de force, de jeunesse, de fraîcheur, de calme ou de candeur. Le goût qu'on a pour telle couleur d'habits ou de meubles (je cite cette preuve entre beaucoup d'autres), ne prouve-t-il pas journellement combien nous sommes sensibles à la couleur ?

La manière brillante dont sont peintes les parties du corps de certains animaux, semblerait même prouver que, chez ces êtres si inférieurs à l'homme par leur intelligence, la couleur produit de fortes impressions. Il faut donc au moins accepter, dans l'art, le coloris comme une parure qui embellit la beauté ou qui dissimule la laideur.

Avant d'expliquer comment la théorie que je présente et que je développe, s'applique à la partie de l'art qu'on appelle le coloris, il me paraît convenable de rappeler quelques phénomènes résultant du rapport des couleurs et quelques principes établis sur ces phénomènes.

On sait qu'il y a trois couleurs dites primitives : le rouge, le jaune et le bleu, et que, par le mélange binaire ou ternaire de ces couleurs primitives, on peut obtenir toutes les autres. C'est ainsi que le mélange binaire du rouge et du jaune donne l'orangé, celui du jaune et du bleu donne le vert, et celui du rouge et du bleu donne le violet.

Les mélanges des couleurs primitives deux à deux donnent donc des couleurs assez franches ; mais, à l'instant où l'on introduit la troisième couleur complémentaire, l'éclat du mélange binaire est terni et devient plus ou moins gris. C'est par ce mélange des trois couleurs primitives en proportions variées, que sont produites toutes les nuances qu'on peut observer dans la nature et dans les ouvrages de l'art.

Si j'avais à traiter ici du coloris d'une manière pratique, au lieu de dire abstractivement rouge, jaune ou bleu, je dirais, vermillon ou laque, ochre, indigo ou outremer, et je donnerais un long tableau des différentes teintes qu'on peut obtenir par le mélange des matières colorées ordinairement employées dans divers genres de peinture. Mais tel n'est pas mon but ; et d'ailleurs je pense que celui qui veut bien connaître ces effets, ne peut les apprendre que par une longue expérience de la palette. On peut aussi prendre sur ce sujet une connaissance purement théorique, il est vrai, mais très-étendue, par la lecture du bel ouvrage de M. Chevreul, sur la loi du contraste simultané des couleurs. (Un vol. in-8° avec atlas.)

On se sert à tout moment dans le langage technique et dans le monde des expressions d'*harmonie* et de *ton* de couleur. Afin d'être bien d'accord sur la valeur de ces termes, je crois nécessaire d'en rappeler la définition. On divise généralement les couleurs en deux séries : couleurs froides : le bleu, le violet, le vert glauque, les gris cendrés, le noir ; et couleurs chaudes, le jaune, le rouge écarlate, le vert olive, les bruns jaunâtres. C'est l'analogie qui existe entre les couleurs d'une même série, qu'on appelle harmonie. Cette analogie ne s'établit jamais mieux, que lorsqu'une couleur se mêle à toutes les autres et lui communique sa nuance. Le soleil couchant répandant sur l'horizon sa lumière jaune, rend l'aspect du paysage extrêmement harmonieux ; une couche de neige produit un effet semblable, quoique d'un caractère opposé ; le vernis jaune et noirci d'un vieux tableau, lui procure une harmonie à laquelle le peintre ne peut atteindre avec des couleurs fraîches ; un verre coloré à travers lequel on contemple une scène quelconque, en rend l'aspect bizarre et peu naturel sans doute, mais très-harmonieux. C'est le sentiment inné de l'harmonie qui fait choisir des vêtements jaunes et bruns aux personnes dont le teint est jaunâtre, et généralement les personnes blondes, aux yeux bleus, trouvent que les vêtements de cette couleur les parent bien. Nous allons voir d'ailleurs tout-à-l'heure, une explication plus complète de ces faits.

Quant au mot ton, il désigne les différents degrés d'intensité d'une même couleur; ainsi, l'indigo, le bleu de Prusse, le bleu de ciel sont des différents tons du bleu, et tous les gris sont des différents tons du noir.

Nous avons déjà vu, en traitant du clair-obscur, combien un ton paraissait différent selon la valeur des autres tons qui étaient en contraste avec lui. Ce fait, vrai pour les dégradations monochromes du noir au blanc, reste tout aussi incontestable pour les dégradations de toute espèce de couleur.

Mais un autre fait bien plus important à observer et à étudier, est celui de l'influence réciproque des couleurs, influence qui agit toujours simultanément avec celle des tons.

Il est constant que tous les corps reçoivent de ceux qui les entourent une partie des rayons lumineux qui jaillissent de leur surface. C'est ce qu'on appelle *reflets*; et la couleur de ces reflets est toujours celle que forme le mélange des deux couleurs mises en contact, la couleur du corps reflétant et celle du corps qui reçoit le reflet. Ainsi, lorsqu'un vase jaune aura un de ses côtés tournés vers une surface bleue, ce côté prendra une teinte verte. Si le corps reflété est blanc, il recevra sans altération la couleur de l'objet reflétant. Il est facile de vérifier ce fait, en approchant un morceau de papier blanc d'un corps coloré. Quelle que soit sa couleur, elle agira sensiblement sur le papier placé à peu de distance. C'est ce phénomène qui établit une douce harmonie dans tout ce que nous voyons dans la nature. Un bouquet de fleurs habilement peint, fournit l'occasion de voir l'application de ce principe de l'influence réciproque des couleurs, de la manière la plus évidente.

Il me reste à ajouter à l'exposé de tous ces phénomènes, l'examen d'une autre influence provenant de l'effet des contrastes sur notre vue. Il s'agit d'une foule de faits très-essentiels à méditer, faits dépendant des propriétés de la lumière et de notre organisation.

Une même couleur nous paraît différente, selon le contact dans lequel elle est placée avec une autre couleur. Ainsi une orange placée sur un drap bleu, nous paraîtra jaune, et si nous la plaçons sur un drap jaune, elle nous paraîtra rouge. Ce que je signale comme résultant du rapprochement de l'orange, du jaune et du bleu, a lieu toutes les fois que notre œil voit plusieurs couleurs en même temps.

Notre sens de la vue perçoit ces couleurs le plus dissemblables possible. Il est également constant que, dans le contact de deux couleurs primitives, l'apparence de la couleur complémentaire est ajoutée à chacune d'elles. Ainsi, le bleu à côté du rouge paraît verdâtre par l'addition de l'apparence du jaune couleur complémentaire, et le rouge paraît orangé par l'addition de la même couleur jaune.

Dans le contact du rouge et du jaune, le rouge paraîtra violâtre par l'addition de l'apparence du bleu, et par cette même raison le jaune paraîtra verdâtre. Telle est la loi dont je ne dois pas examiner ici la cause, mais dont il est important de faire connaître les effets; et pour rapporter ce qui se passe journellement sous nos yeux, j'ajouterai les observations suivantes. Le soir, au moment où le soleil vient de se coucher et que le ciel est orangé à l'horizon, les montagnes, bleues par l'effet de la couche d'air et par l'effet de la partie orientale du ciel, prennent une nuance de violet, et le jaune ou l'orangé du ciel paraissent plus rouges.

Dans les tableaux dont la couleur dominante est le jaune et le rouge chaud, les parties teintes de gris paraissent bleues, et quelque expérience qu'on ait de la palette, on est toujours étonné que cette teinte qui paraît bleue au milieu des tons chauds, l'est très-peu en réalité, car elle ne contient que la petite quantité de bleu nécessaire pour faire un gris quelconque, et paraît *jaune-franc* transportée en contact avec des couleurs froides. On n'est pas moins étonné, si l'on fait une copie d'un tableau de Rembrandt, de voir que les linges qui nous paraissent éclatants de blancheur dans le modèle , sont peints avec du jaune de Naples , pur ou sali par quelque teinte plus jaune encore. La conclusion utile pour la pratique de l'art à tirer de ces faits, est que les couleurs ont plus de valeur relative que de valeur absolue, et que la connaissance des effets des contrastes simultanés est une science importante qui mérite l'attention de l'artiste. L'ouvrage de M. Chevreul, déjà cité, expose ces principes de la manière la plus méthodique et la plus étendue ; mais une heureuse organisation , dont Gall fait même une faculté spéciale, et une longue expérience, pourront seules rendre l'artiste habile, sinon puissant dans le coloris.

De tout temps les maîtres ont dicté des préceptes dans leurs ateliers sur cette partie de l'art, et, mieux que cela, ils en ont montré la pratique dans leurs œuvres. On les trouve exposés dans plusieurs livres ; mais, sans donner la raison pour laquelle il faut les suivre, le principe sur lequel ils sont fondés n'est autre que l'exemple des anciens. Ainsi , on prescrit de ne pas employer dans une composition un ton ou une couleur en quantité égale, et cela sans donner aucun motif de ce précepte, ou bien en disant qu'il faut agir ainsi parce que Titien ou Rembrandt l'ont fait habituellement. Certes , l'autorité de Titien ou de Rembrandt est grande ; mais les principes fondamentaux d'un art comme ceux d'une science doivent avoir une base plus solide et plus invariable. Cette base, c'est la nature de notre âme qui nous rend sensibles à tels rapports ou à telle qualité des objets, et les lois dépendantes des propriétés des corps.

Nous avons vu que le beau pittoresque dans le dessin et dans le clair-obscur, autrement dit dans la forme, avait pour cause ou élément la *variété avec analogie*. Le principe reste vrai pour la couleur ; et je pourrais répéter ici presque tout ce que j'ai dit sur le clair-obscur , en substituant à ce dernier mot celui de coloris , et mes démonstrations conserveraient une égale justesse.

En effet , le degré d'éclat des couleurs, la vivacité de leur contraste, leur pureté ou leur neutralisation , peuvent donner, comme les divers tons ou contrastes de lumière, d'ombre, l'idée de l'espace ; car l'air qui paraît jeter une teinte bleue sur tous les objets entre lesquels il s'interpose , confond leur couleur, atténue les oppositions d'ombre et de lumière qui existent entre eux d'une manière d'autant plus sensible que la couche d'air est plus épaisse, en d'autres termes, que l'éloignement des objets observés est plus grand.

La variété des tons d'ombre, de demi-teinte et de lumière que nous avons vu être une condition du beau dans le clair-obscur, reste la même condition dans les couleurs et dans les tons de ces couleurs. Notre œil aime leur contraste; mais ce contraste doit subir la loi de variété pour nous affecter agréablement. Supposé que toutes les planches jointes à ce Mémoire soient imprimées en encre rouge, jaune, bleue, verte, etc., la variété qui existe sur ces planches dans les divers tons du noir, existera pour les tons de toute autre couleur. Il est fâcheux que les difficultés d'impression ne me permettent pas de démontrer par des planches coloriées, comment la condition d'analogie simple ou complexe est aussi applicable au beau dans le coloris. Cette analogie est ce qu'on nomme communément harmonie des couleurs; ce qu'on appelle des échos de couleur, comme on disait des échos de lumière, sont des répétitions d'une des couleurs du tableau, répétitions en quantité et en intensité diverses, mais analogues. Le peintre qui place dans son paysage une figure vêtue de bleu, obéit à la condition d'analogie simple, car la couleur de la figure est en relation avec celle du bleu du ciel. Si le ciel est jaune à l'horizon, des nuages répéteront la même couleur au milieu du bleu de ciel; d'autres figures, vêtues de rouges, d'orangé ou de jaune intense, formeront des échos à la couleur chaude du ciel et satisferont ainsi à la condition d'analogie. La réflexion de tous les objets dans l'eau qui en répète les couleurs, souvent avec un peu d'altération, est un moyen fréquemment usité pour produire la variété avec analogie. La variété de couleur propre que présente la végétation et celle que leur donne le plus ou moins d'éloignement, établissent encore naturellement la variété avec analogie. Les grands peintres de portraits ont admirablement rempli cette condition, en se servant des mains placées et éclairées de manière qu'elles offrissent des échos de couleur à celle de la tête de leurs portraits. Afin d'établir ces échos, ces peintres ont usé d'ingénieux moyens. C'est tantôt un vase de fleurs, tantôt un livre, tantôt une feuille de papier, tantôt une plume à barbe colorée, qu'ils emploient pour observer la loi d'analogie entre les couleurs de la tête, des linges et des vêtements du modèle.

Pour revenir, comme je l'avais dit, sur l'instinct qui guide heureusement beaucoup de gens dans le choix des couleurs de leurs vêtements, je ferai observer que c'est par une application des lois de l'analogie, que les personnes aux yeux foncés, au teint jaunâtre et aux cheveux noirs, s'habillent de bruns chauds et introduisent, en outre, du jaune franc dans leur costume ; les tons de la chair paraissent moins jaunes et plus rosés. Au contraire, les habits de couleur bleu-clair sont préférés par les personnes aux yeux bleus, à la peau blanche et aux cheveux clairs, à cause de l'analogie que ces couleurs ont entre elles ; mais, le plus bel exemple pour l'homme de beauté dans l'harmonie de la couleur, c'est lui-même. Ainsi que nous l'avons vu nous fournir, quant à sa forme, le plus bel exemple de variété avec analogie, nous le retrouverons ici encore au premier rang par l'admirable variété des tons des diverses parties de son corps ; variété qui règne, on ne peut mieux, sous la condition d'une unité et d'une analogie aussi admirable, entre tous ces tons de chairs nuancés de blanc, de gris fin, de rose, de jaune doré, d'orangé, de roux et de brun. Aussi, de même que l'étude de la forme humaine est posée comme le fondement de la science du dessin, l'étude de sa couleur est le meilleur exercice à pratiquer pour la science du coloris.

Pour rendre, à défaut de planches coloriées, plus évident ce que je viens de dire sur les conditions du beau dans le coloris, je composerai par la pensée un bouquet de fleurs. En plaçant vers le milieu une rose blanche, j'aurai observé le précepte qui veut que la plus grande lumière soit près du centre de la composition. Derrière cette rose se trouveront des feuilles et des pédoncules, qui recevront des ombres portées et privées de lumière, offriront un ton très-foncé, et feront paraître la couleur de la rose d'autant plus lumineuse. Au centre de cette rose quelques étamines jaunes jettent cette couleur sur les pétales de la fleur ; il faut trouver une analogie au jaune et au blanc. Une coreopsis, une giroflée, une reine-marguerite, une pâquerette, ou toute autre fleur jaune établira cette analogie. Les feuilles de ces plantes, d'un vert varié, constitueront une autre analogie. Si l'on introduit dans le bouquet une autre couleur franche, il faudra la placer vers le centre, et on y trouvera facilement ses analogies.

Dans tous les cas, le système du coloris est soumis à celui de la compo-

23

sition des lignes ; ce qui prouve que toutes ces parties de l'art tiennent nécessairement l'une à l'autre, et qu'on ne saurait imaginer convenablement
un sujet quelconque, si l'esprit ne le conçoit pas simultanément avec son
clair-obscur et son coloris. Au reste, dans cette partie de l'art, comme
dans les autres, l'artiste ne devient habile que par une longue étude de la
nature et des maîtres qui l'ont bien vue et bien interprétée. Les principes
théoriques lui servent seulement à le diriger ; et c'est beaucoup, car, sans
cette direction, il ne comprend ni ne sait analyser ce que ses yeux voient
sans participation de son intelligence.

—

CHAPITRE V.

DE L'INTERPRÉTATION DE LA NATURE PAR L'ART.

Wie sehn'ich mich, Natur, nach dir ,
Dich treu und lieb zu fühlen !
Ich zittre nur, ich stottre nur ,
Und kann es doch nicht lassen ,
Ich fühle, ich kenne dich, Natur ,
Und so muss ich dich fassen.
GŒTHE.

O Nature ! combien j'aspire à toi ! à te sentir avec amour et fidélité!
Je ne fais que trembler, je bégaie seulement, et cependant je ne puis cesser. Je le sens ; je te connais, ô Nature, et alors je dois te comprendre.

La nature est faite pour nous, comme nous sommes faits pour elle. Tous
les mortels sont sensibles à sa magnificence et à sa grâce ; mais pour l'artiste elle est toujours un objet d'adoration par sa beauté , toujours un objet
de désespoir par l'impuissance qu'il éprouve de l'imiter fidèlement, toujours
un maître et un guide dont il ne faut jamais se séparer. La nature est le
commencement et la fin de l'étude de l'art. C'est dans elle seule qu'on peut

ouver cette beauté qui fait le plus noble but du peintre, et cette inépuisa-
e variété qui lui fournit incessamment les moyens d'éviter les répétitions
ı la monotonie des effets et des sujets.

Mais il y a, dit Reynolds, deux manières de voir la nature ; l'une avec
s yeux et l'autre avec l'esprit. Savoir voir, disent les maîtres, c'est savoir
indre. En effet, l'exécution est une qualité plus tôt acquise que le pou-
oir de penser et de juger. Du reste, l'exécution est toujours suffisamment
onne, lorsque la pensée est maîtresse ; la main est toujours assez habile,
rsqu'elle est bien dirigée par la tête et par le cœur. La naïveté, on pour-
ait même dire l'innocence des dessins de Raphaël, prouve cette supé-
orité de la pensée sur l'organe qui l'exprime. Il faut donc, avant d'in-
rroger la nature, avoir appris à voir, à choisir, à analyser ses beautés ; il
ut avoir reçu une éducation spéciale autre que celle de sa main, c'est-à-
ire qu'il ne suffit pas d'avoir copié pendant un certain temps, sans les avoir
éoriquement analysés, des modèles de dessin, des gravures ou des ta-
leaux, pour savoir convenablement interpréter la nature immédiatement
près ces études de copie.

Avant d'être écrivain, l'on apprend la grammaire, puis la rhétorique,
uis des langues étrangères, mortes ou vivantes. On ajoute ensuite à ces
ongues études classiques, de nombreuses lectures, pour se faire un fonds
érudition indispensable, et lorsque ces conditions sont remplies, on essaie
e se servir de sa langue pour exprimer ce que nous inspirent la nature,
homme et la société.

Par malheur, il n'en est pas ainsi pour la peinture, qui est aussi une langue. La plupart veulent la parler sans en connaître même la syntaxe. Aussi,
ue de mécomptes pour ces amateurs livrés sans guide aux seules inspira-
ions de leur instinct ! Il n'y a vraiment d'espoir de succès, que pour ceux
ui seraient assez heureusement placés, pour travailler dans des ateliers
ous la direction du maître. Là, ils apprendront des préceptes, des tradi-
ions ; ils seront dirigés dans leurs études d'après un modèle vivant, et leur
génie fera le reste, s'ils en ont. Mais jamais cet enseignement ne sera donné
comme un corps de doctrines certaines, exposées méthodiquement ; cette
acune est fâcheuse. On a de nombreux et excellents traités sur les mathématiques, sur la physique et sur presque toutes les sciences ; pour-

quoi n'en serait-il pas de même de la peinture? Il y a, dans l'art, des principes, des lois, une science enfin, qui pourraient et devraient être enseignés avec méthode.

Cependant, cela n'est pas, et je ne sache pas qu'il existe en France, aucun livre élémentaire sur la théorie de l'art, exécuté de manière à enseigner tout ce que l'élève peut savoir avant d'aller en face de la nature.

En écrivant ce Mémoire, mon but et mon espoir ont été d'indiquer comment ou pourrait remplir cette lacune, et malgré le peu de développement que j'ai pu donner à l'exposition de mes principes, je pense que celui qui en aurait pris une entière intelligence, verrait la nature de manière à la choisir et à l'interpréter suivant les moyens de l'art. Cependant, de même qu'après avoir lu la Grammaire d'une langue, on n'écrit pas éloquemment dans cette langue, de même qu'après avoir lu une méthode pour jouer d'un instrument de musique, on n'est pas un virtuose, lorsqu'on aura lu un traité des principes de la peinture, on ne saura pas interpréter tout de suite la nature avec facilité et habileté, mais on sera dans la bonne voie et on y marchera d'un pied sûr.

Si ce Mémoire était un livre destiné à circuler dans le monde et parmi les élèves en peinture, comme un livre élémentaire, je présenterais dans une nombreuse série de planches une quantité de dessins faits d'après nature ou par des élèves n'ayant aucune connaissance des principes du beau pittoresque, ou par ceux qui ont peu d'expérience dans l'application de ces principes, ou même enfin par des peintres connus, qui, n'étant guidés que par leur instinct et par des principes empiriques, sont tombés parfois dans des erreurs.

Tous ces exemples seraient discutés, toutes les fautes seraient signalées, et toutes celles qui seraient susceptibles d'être corrigées le seraient; il résulterait de cette méthode une double série de planches, dont le rapprochement serait le meilleur enseignement *à posteriori* qu'on pût donner à la suite de ce qui a été présenté sur le dessin, la composition, le clair-obscur et la couleur. J'espère qu'il me sera accordé de réaliser prochainement cette pensée.

En attendant, je crois qu'il est convenable de ne pas terminer mon travail actuel, sans signaler les erreurs dans lesquelles on tombe, au début des travaux d'après nature. D'abord, on choisit mal son modèle; ne sachant pas bien analyser la beauté qu'il paraît posséder, on ne juge que par un instinct insuffisamment cultivé et on se trompe. On n'a pas assez d'expérience pour juger si le sujet que l'on prend est susceptible de bien remplir le champ du tableau, de recevoir un bon effet de clair-obscur, en un mot, s'il s'approprie bien aux moyens de l'art.

On ne voit que des détails, et on perd constamment de vue l'ensemble dont l'effet est ce qui produit la première et la plus vive impression. Aussi, voit-on tous les élèves faire des ombres trop noires dans les plans éloignés du tableau, sans se demander comment ils feront pour rendre l'intensité de celles du premier, que la nature indique cependant comme devant être plus vigoureuses. D'autres mettent du blanc partout, et tous les objets ainsi éclairés manquent de corps et de solidité. Les montagnes, les arbres, les figures, les terrains ont l'air d'être transparents comme du verre ou de la baudruche.

Un élève inexpérimenté ne trouve rien à dessiner, là où un maître voit une grande abondance de sujets.

L'élève ne sait rien sacrifier, ne sait ni enlever ni cacher ce qui manque de valeur pittoresque, ni choisir ce qui est important, pour lui donner tous ses soins et sacrifier le reste. C'est là un des grands secrets de l'art et un des grands résultats de l'expérience.

L'élève ne sait pas se demander devant un sujet, quelle en est la qualité dominante, la forme ou la couleur, afin de la traiter de manière à faire ressortir cette qualité, en sacrifiant les autres.

De même qu'un compositeur habile sait trouver des motifs de mélodie qui se prêtent à recevoir une harmonie distinguée, de même que les idées du poëte doivent naître, pour ainsi dire, et se manifester sous une forme rimée et mesurée, le peintre, en trouvant dans la nature un motif quelconque, doit juger à l'instant si ce sujet est heureux ou non.

Les commençants manquent toujours de soin et vont trop vite dans leur exécution. La rapidité ne peut être permise, que lorsqu'elle provient de la confiance que donne le talent et qu'elle ne porte aucun tort à la correction. Il faut donc de l'application et de l'exactitude avant tout. Cependant, il ne faut pas non plus tomber dans une recherche qui conduirait à la froideur, et dans laquelle l'intelligence céderait la direction du travail à la main.

J'ai fait remarquer une fois, que notre esprit et nos organes étaient singulièrement disposés à répéter les mêmes expressions et les mêmes mouvements. Cette disposition précipite les artistes directement dans ce qu'on appelle une manière, c'est-à-dire dans un train uniforme de coups de crayon ou de pinceau, qui est on ne peut plus contradictoire avec la nature constamment variée.

Toutes ces observations devraient être faites à l'élève, dès qu'il commence ses études, dès le moment même où il se met à copier les modèles les plus élémentaires. Il serait indispensable, dès ce moment, de lui bien faire sentir qu'il faut dessiner avec son intelligence plus qu'avec sa main, et ne pas lui laisser copier un modèle comme l'on imite sur du canevas une broderie, c'est-à-dire, en commençant par un bout et finissant par l'autre, sans jamais penser au caractère du modèle qui provient surtout de l'ensemble. Il faudrait faire comprendre à l'élève, que la beauté, le mérite pittoresque de son modèle dépendent, avant tout, des rapports des masses de la composition du sujet, et lui faire établir ces masses en lignes principales avant de penser à aucun détail. Mais, généralement, on procède dans l'enseignement de l'art, comme s'il ne s'agissait que d'une affaire de main. Les principaux égards, la plus grande partie du temps, sont donnés à la manière de faire des hachures ou du pointillé. On a grande foi aux procédés, à ce qu'on appelle des ficelles; on en demande à tous ceux que l'on voit habiles et qui n'en ont qu'une de Ficelle : l'intelligence. On estime les œuvres d'art suivant le procédé par lequel elles sont exécutées, et on appelle mal à propos genres, ces procédés, tandis qu'il importe fort peu, quant à la valeur réelle des œuvres, si la pensée de l'artiste est rendue avec du crayon ou de la couleur délayée dans de l'eau, dans de la colle ou dans de l'huile. Poussin, Michel-Ange sont aussi grands dans une gravure au trait, que dans leurs toiles ou dans leurs fresques. Je ne puis m'étendre ici sur toutes les idées fausses qui règnent dans le monde et qui, par malheur, pèsent sur les élèves. Je crois que si, dès le début, on se pénétrait bien des principes que j'ai cherché à établir, on éviterait toutes ces erreurs.

De même que l'homme de lettres consacre une partie de son temps à la lecture et augmente par ce moyen son érudition, le peintre doit souvent regarder des tableaux, des dessins et des gravures pour les analyser, les comparer, les critiquer et même les copier ; car copier est, lors même qu'on est avancé dans les études, le meilleur moyen de connaître exactement ce que vaut l'ouvrage que l'on copie. Cet exercice doit être cependant subordonné aux études d'après nature ; en y consacrant une trop grande partie de son temps, on courrait risque de tomber dans la paresse d'esprit.

L'art deviendrait une opération de manœuvre, au lieu d'être l'expression des pensées les plus poétiques ; l'exécution serait le résultat d'une habitude prise par notre main, au lieu d'être la suite de la méditation. N'agissons qu'en pensant, et n'oublions jamais que l'art est un problème dont la solution exige toutes les facultés de notre cœur et de notre esprit. C'est surtout devant la nature qu'on veut interpréter, que l'on voit s'élever les questions les plus embarrassantes. Je terminerai en exposant rapidement une de ces questions.

Doit-on chercher à exprimer les qualités spécifiques ou individuelles des objets que l'on dessine ou que l'on peint d'après nature ? La question paraît tout-à-fait résolue, s'il s'agit de faire un portrait d'homme ; mais, dans une scène où figurent des personnages, dont la ressemblance des têtes est facultative, est-il vrai qu'en exprimant les caractères généraux et saillants de l'espèce, on arrive à plus de grandeur et à plus d'idéal ? L'antiquité et les écoles classiques semblent résoudre affirmativement la question ; mais il est certains portraits du Titien ou du Tintoret, de Murillo ou de Velasquez, de Rembrandt ou d'Holbeim ; il est de simples portraits daguerréotypés qui semblent dire que le caractère d'individualité et la vérité d'expression de ce caractère produisent un effet plus grand encore que les conceptions idéales des plus grands maîtres.

Les animaux peints par Paul Potter et par Hondekœter, ou gravés par Adam Klein, semblent surpasser ceux des autres peintres, parce qu'ils ont l'air d'être des portraits saisis avec sentiment. Cependant, je crois que la question reste indécise à l'égard de l'interprétation de la nature humaine et animée, dont les formes sont si bien connnes de tout le monde ; mais, on ne saurait croire que, dans le paysage, l'imitation individuelle puisse lutter avec l'expression du caractère spécifique. Ici, les mensonges de l'artiste ne peuvent être destructifs de la vérité. Il peut changer légèrement la place d'une branche, élargir la stratification d'un rocher, adoucir ou couper la ligne d'une montagne, répandre l'eau dans une prairie, entourer de lierre le tronc d'un arbre; il peut même commettre quelques fautes dont, seul, pourrait s'apercevoir un géologue ou un botaniste; si par ces libertés d'interprétation il a atteint une plus grande beauté pittoresque, il aura aussi atteint le but de son art. Bien entendu que je n'entends nullement qu'un paysagiste puisse se permettre des licences qui violeraient la vérité du caractère spécifique. Bien plus, il me semble que, de même qu'un peintre de figures est condamné à la connaissance de l'anatomie des formes, le peintre de paysage devrait avoir quelques notions spéciales de géologie et de botanique. On ne peut contester que ces connaissances ne lui fussent d'un secours très-fréquent.

La conclusion de toutes ces remarques est l'axiome d'Hippocrate : La vie est courte et l'art est long. Mais pour ceux qui, malgré cette condition de nature, ont excellé à exprimer le beau, il y a le palais du Louvre, il y a l'admiration des siècles ; et pour ceux qui n'ont cherché, comme nous, dans l'art que des délassements aux affaires communes de la vie, il y a cette bonne pensée qu'un des plus grands peintres de notre temps écrivit un jour sur une page de mon album :

Ernst ist das Leben, heiter nur die Kunst.

La vie est triste, l'art est serein.

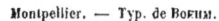

Montpellier. — Typ. de Boehm.

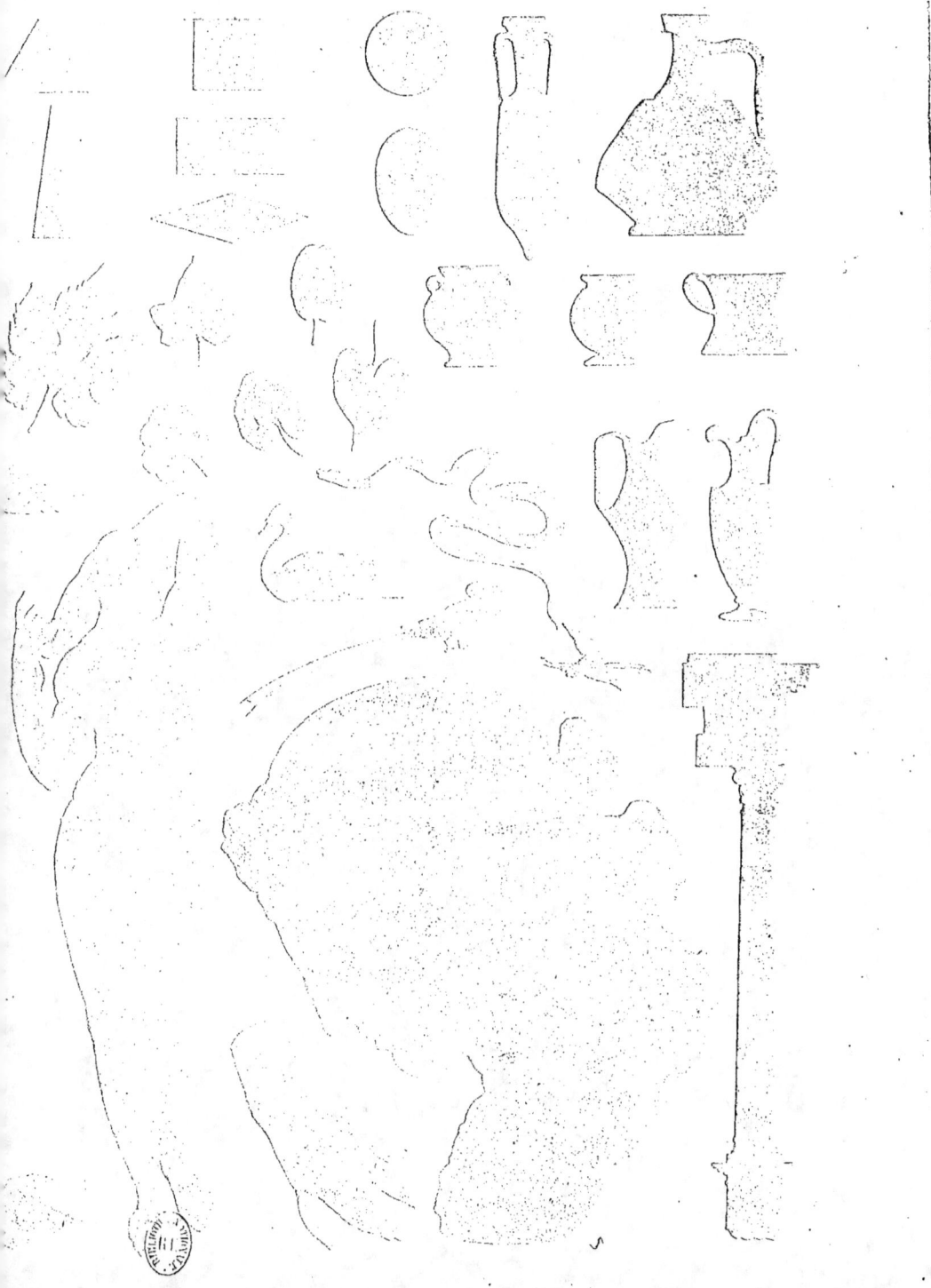

Lith. de Becker, Montpellier

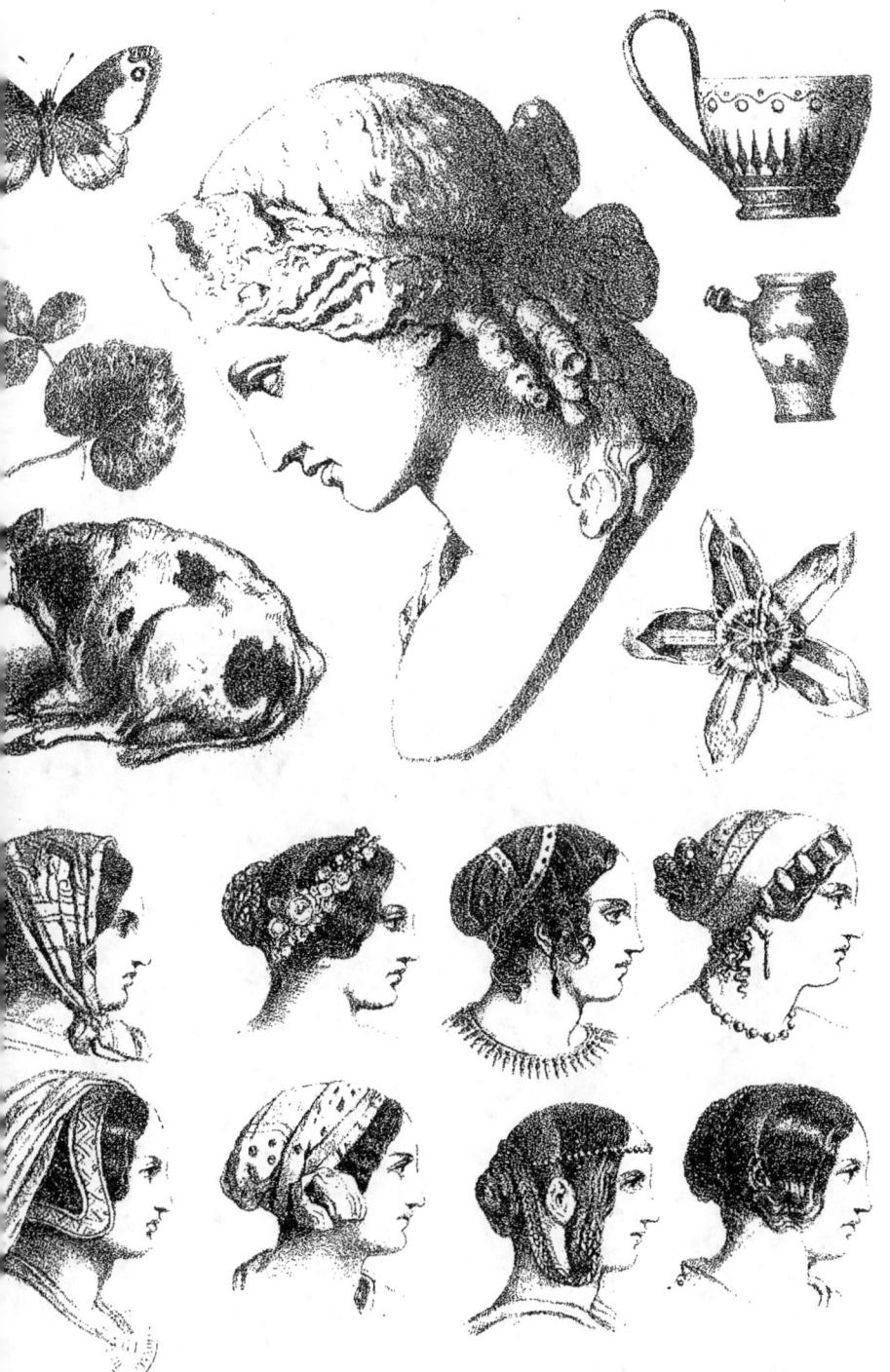

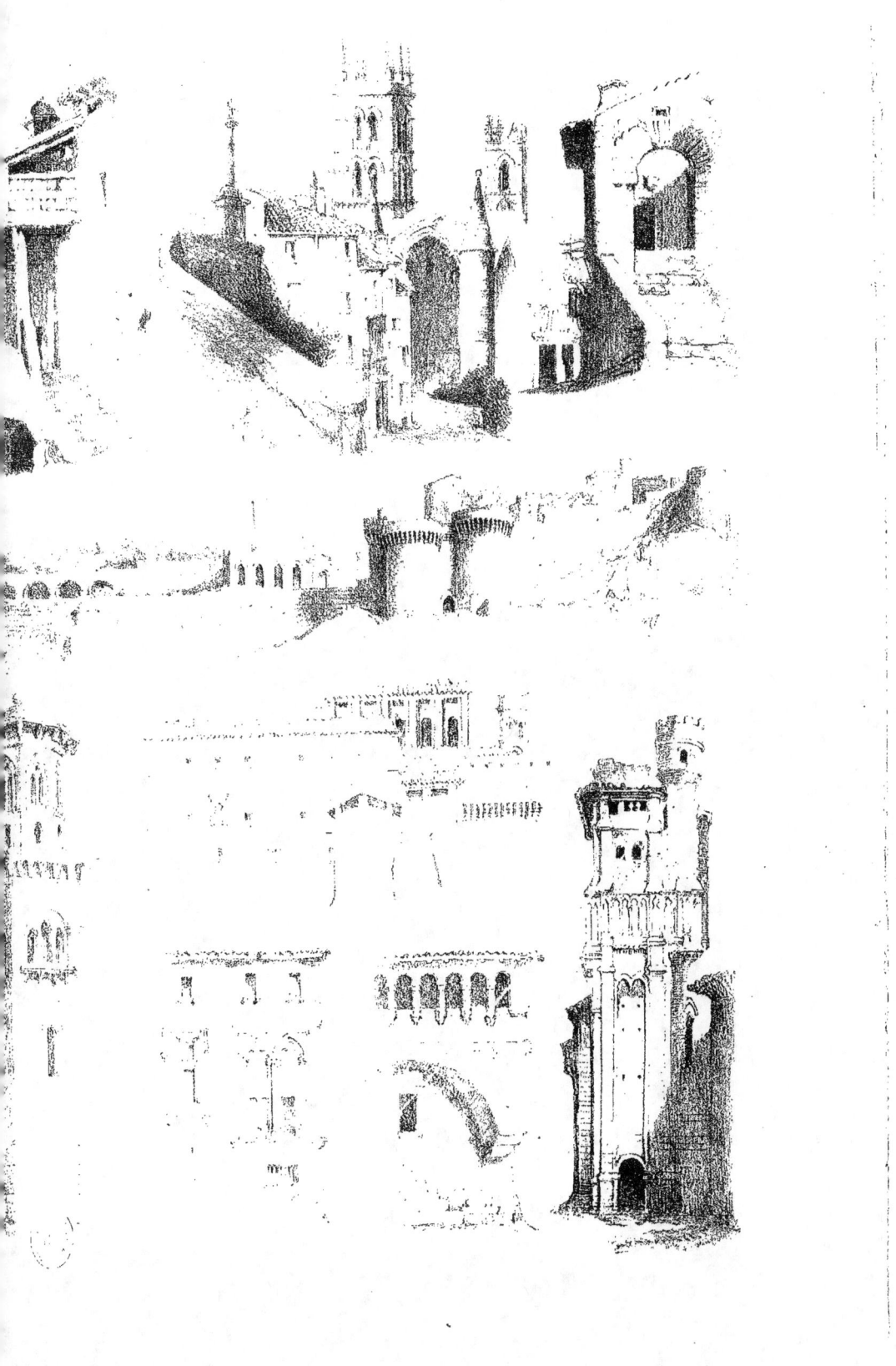

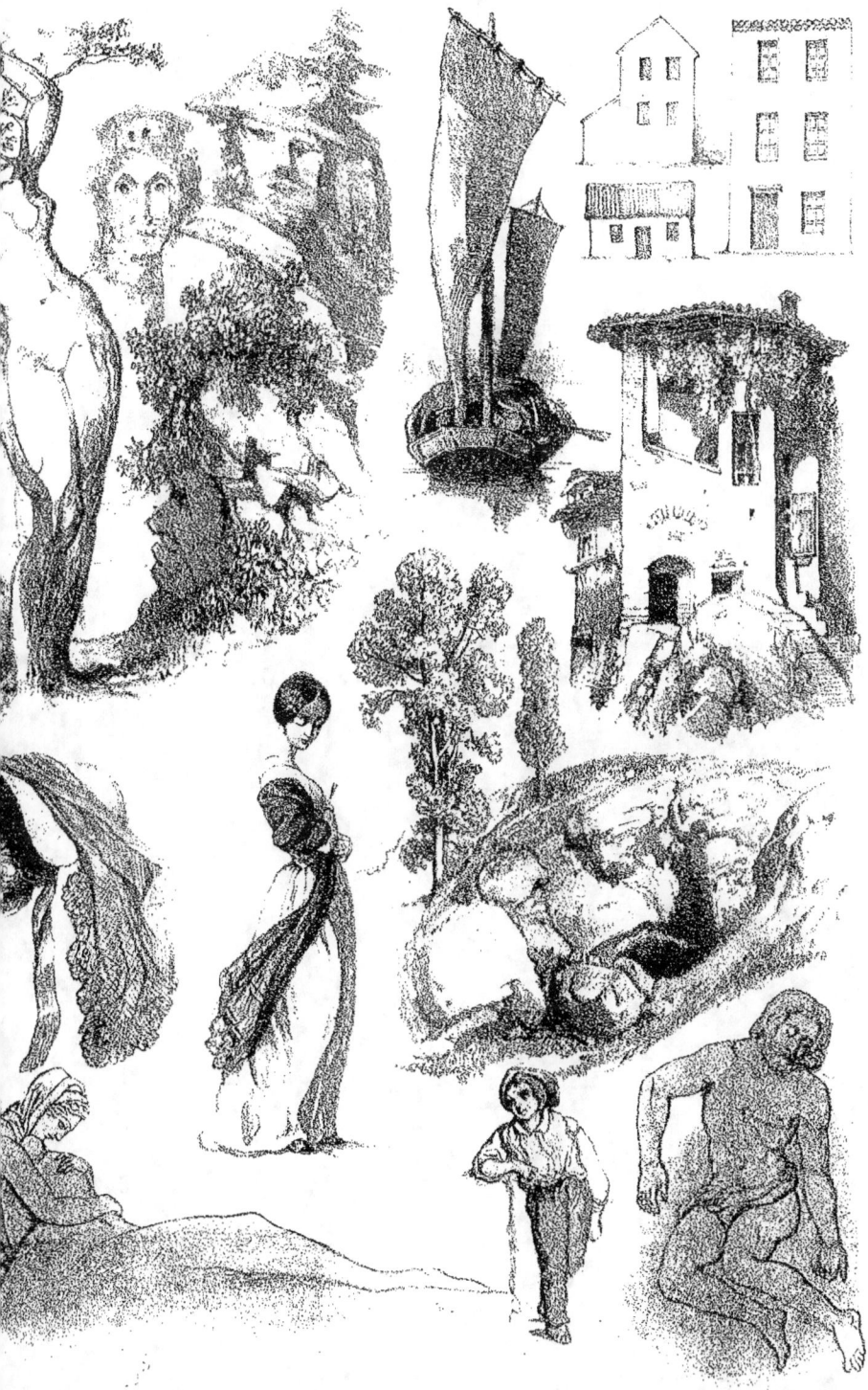

Lith. de Bochin, Montpellier.

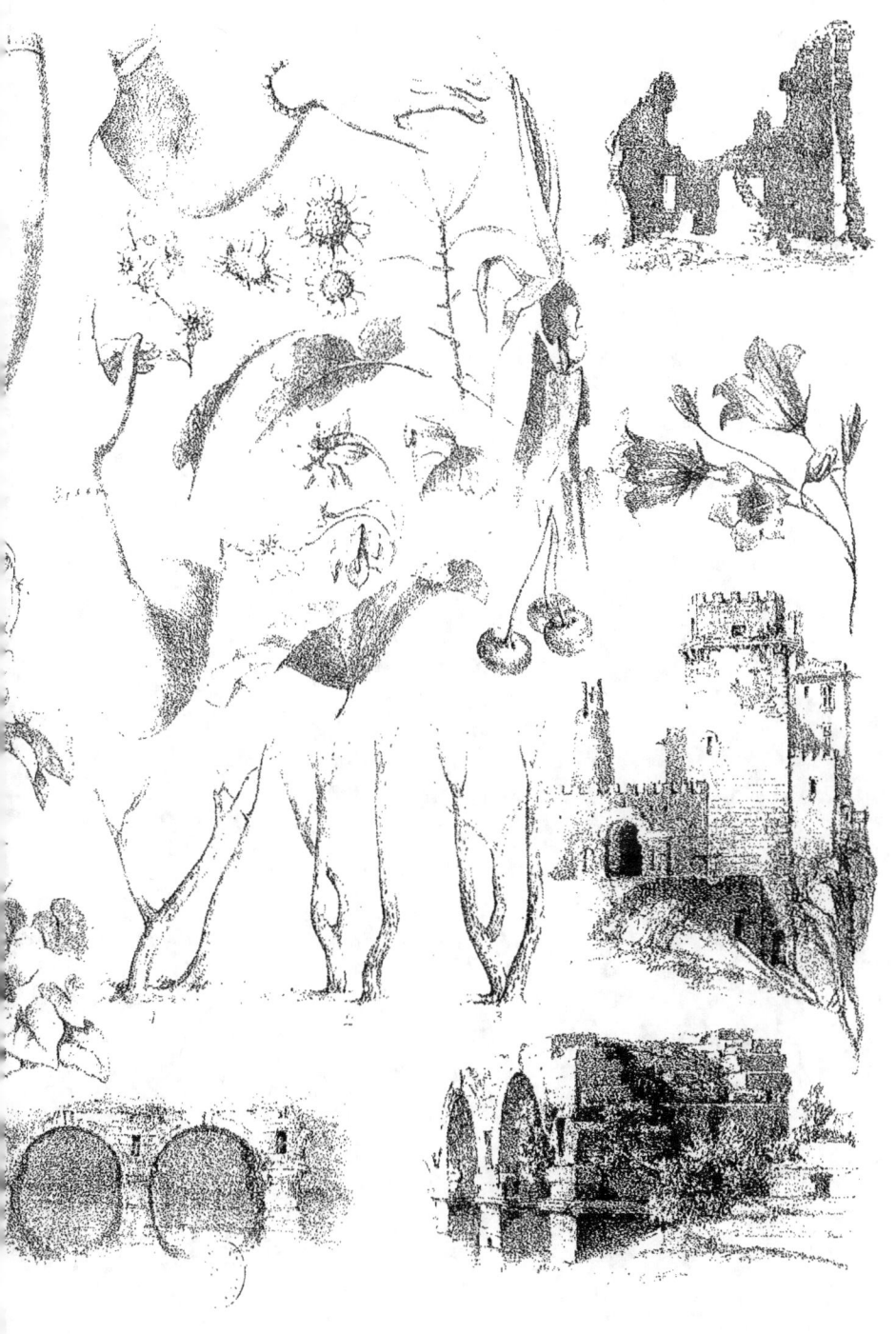

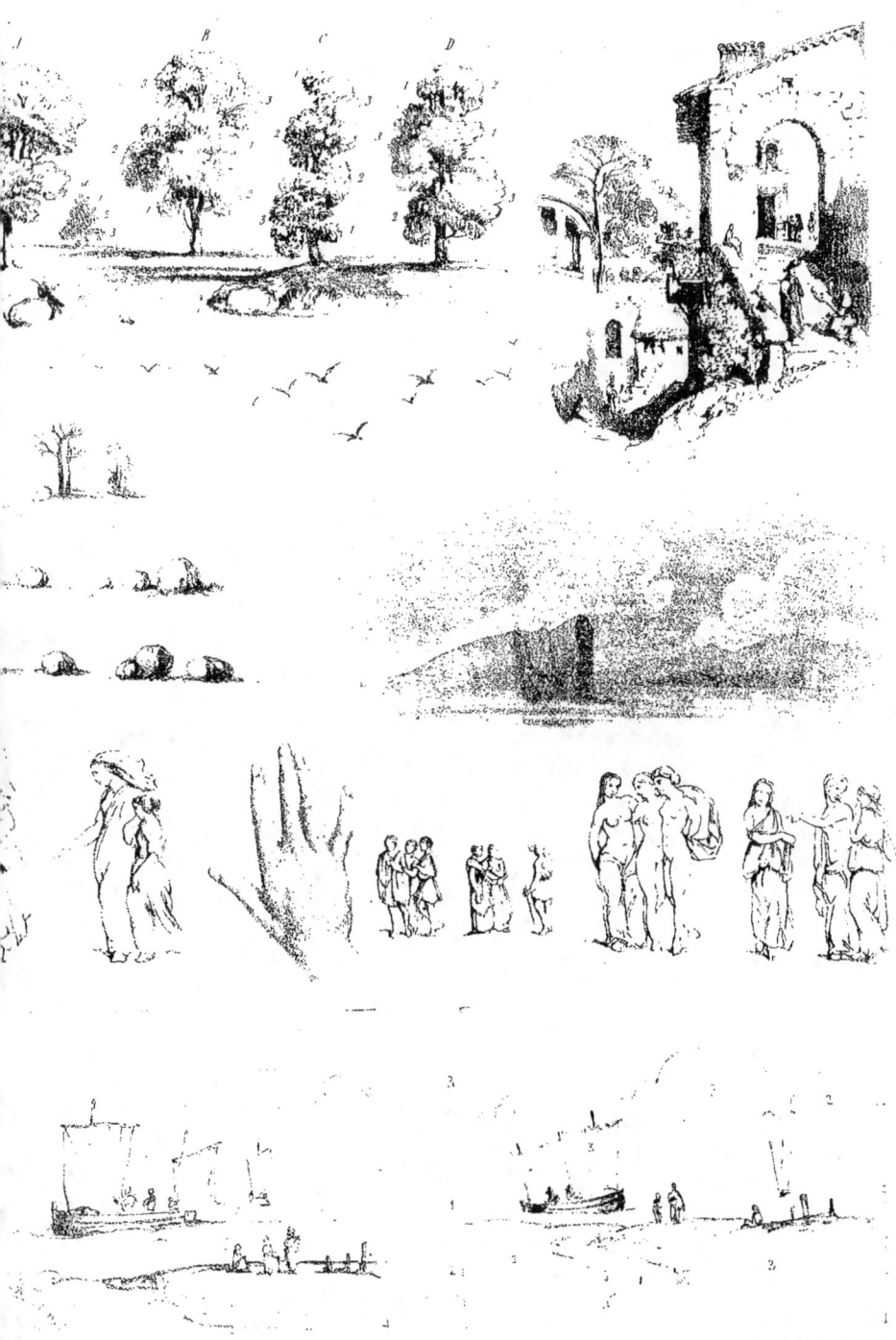

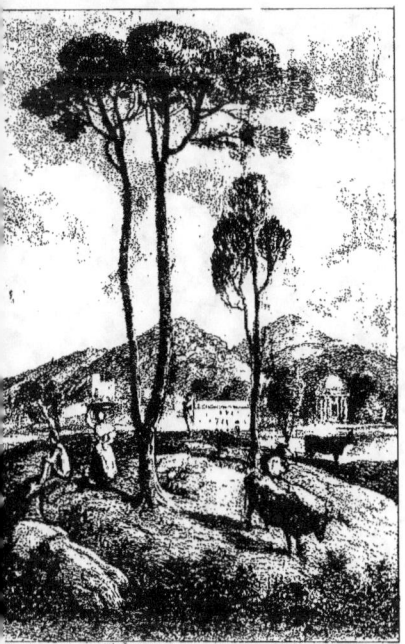

Paul Flandrin.

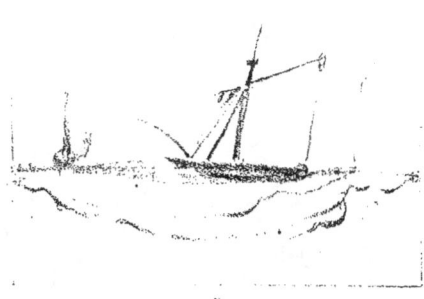

A

B

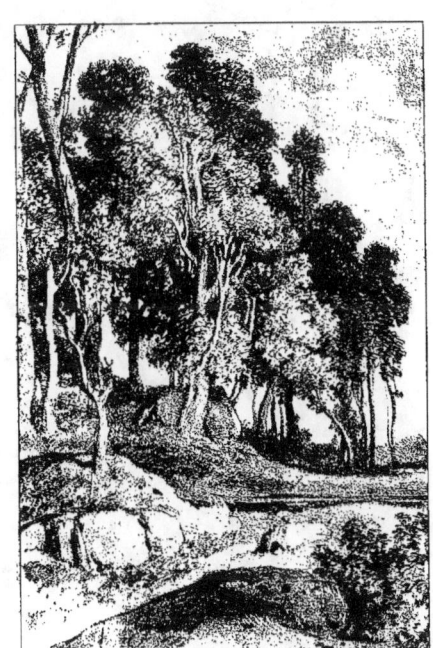

C

J. Bellel

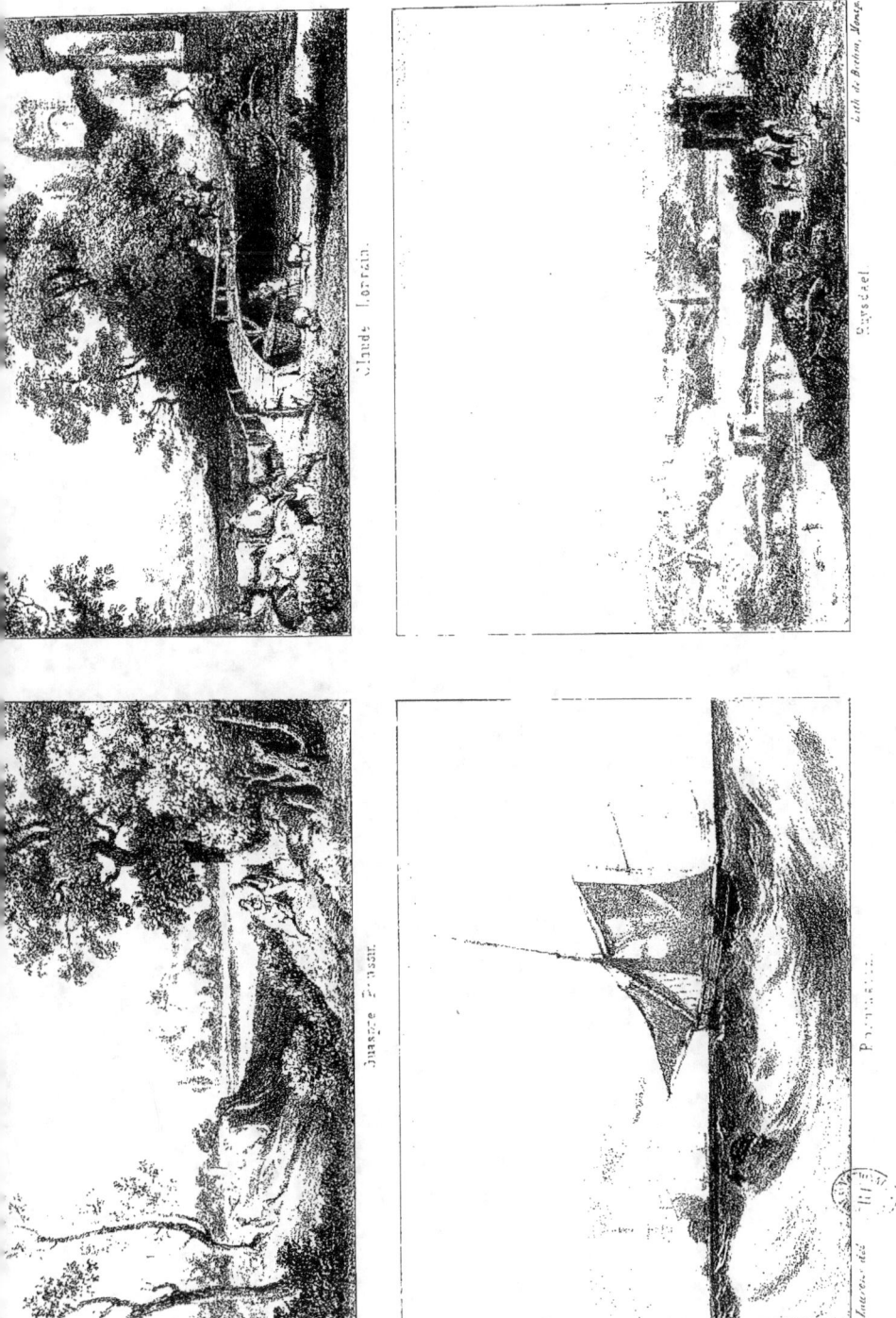

Claude Lorrain.

Ruysdael.

Quentin Massu.

Poussin.

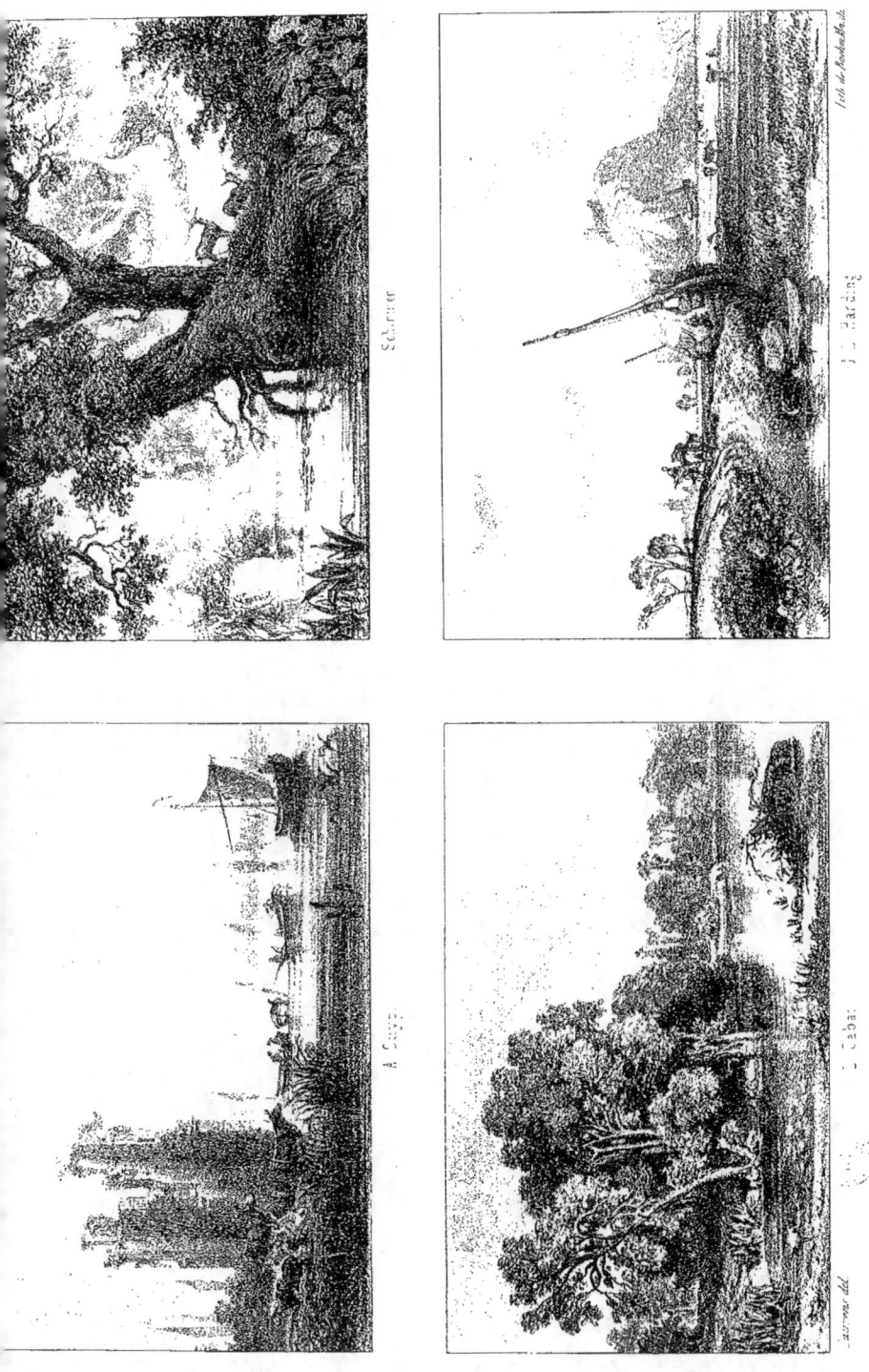

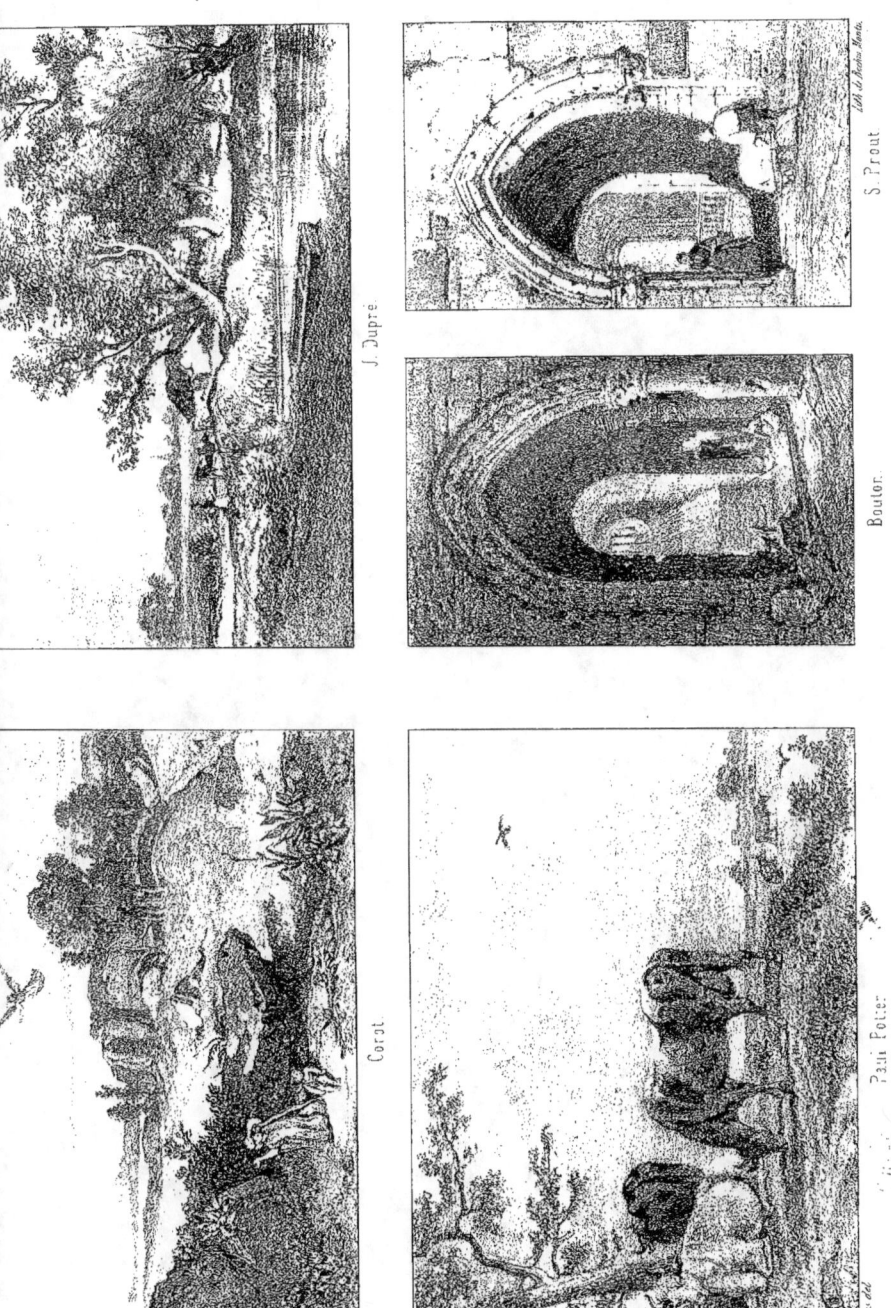

J. Dupré.

S. Prout.

Boulor.

Corot.

Paul Potter.

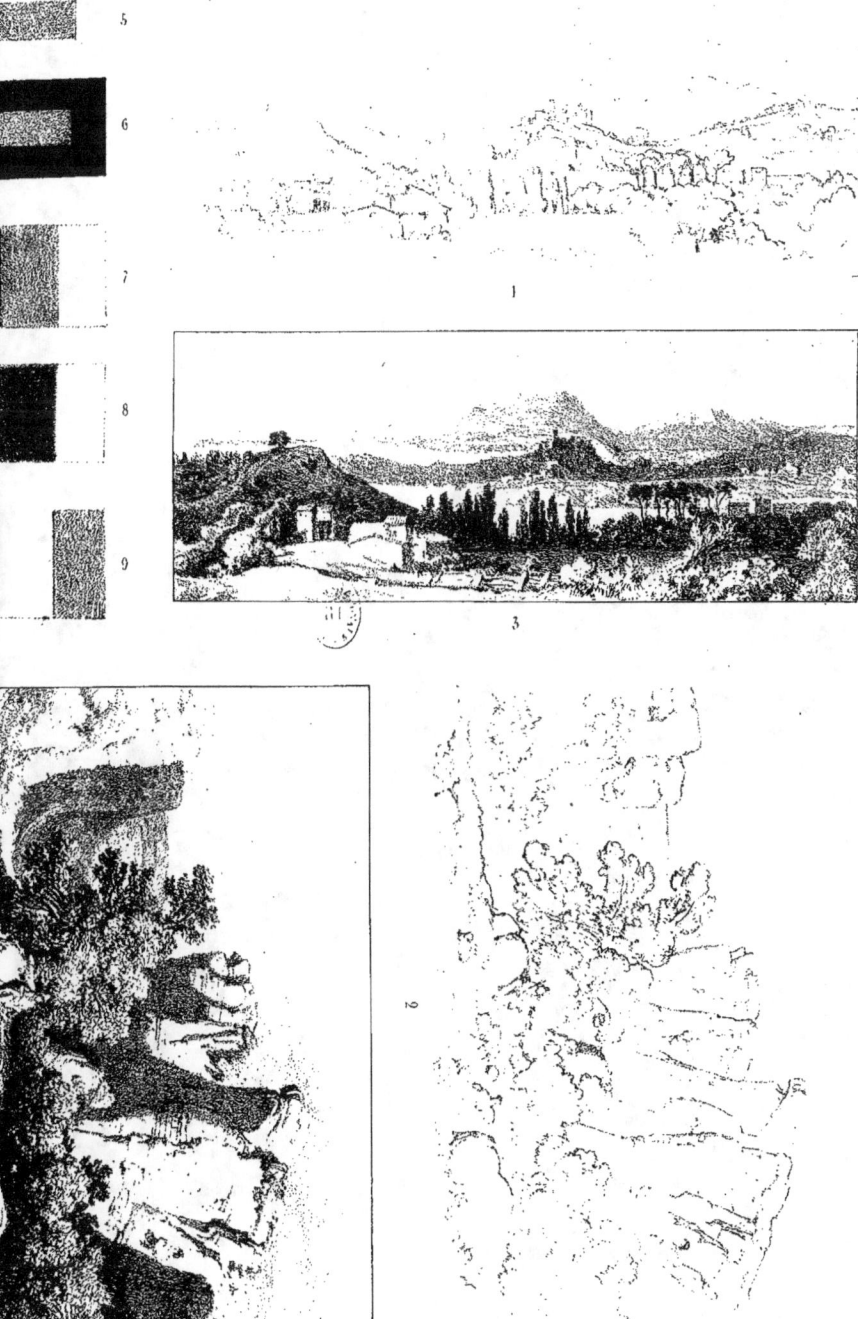

5

6

7

8

9

1

3

2

lith de hoehm Montp.

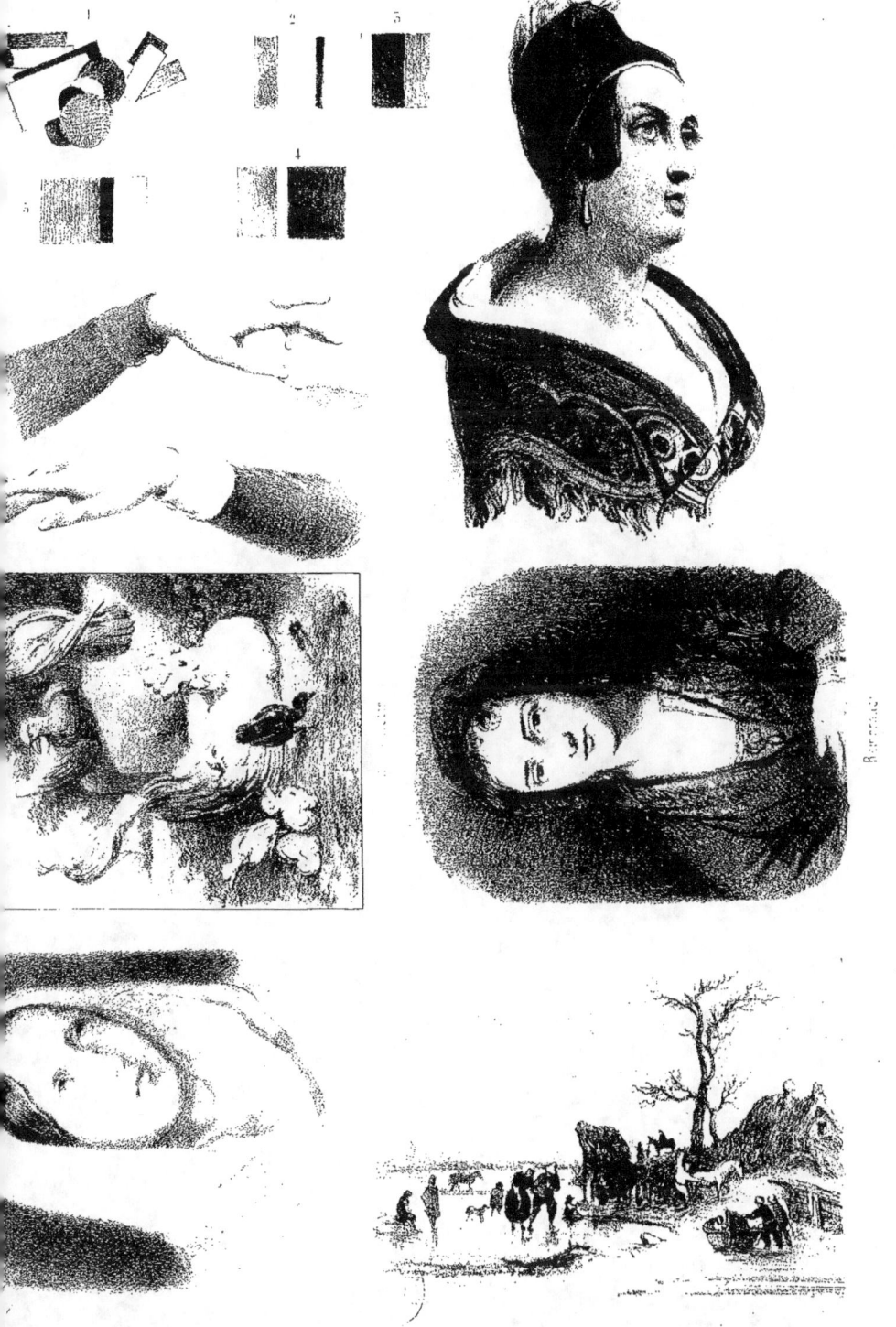

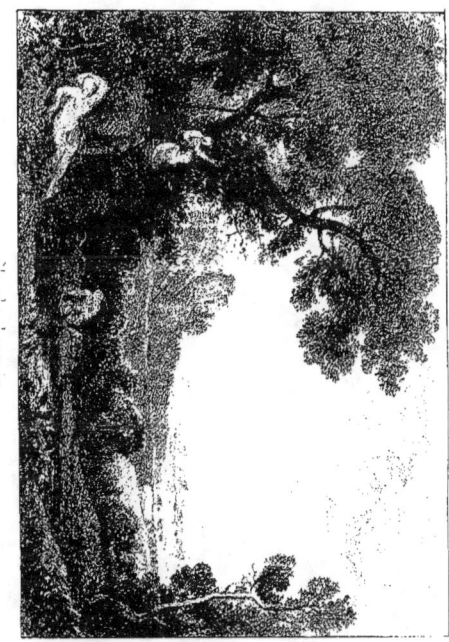

Claude Lorrain

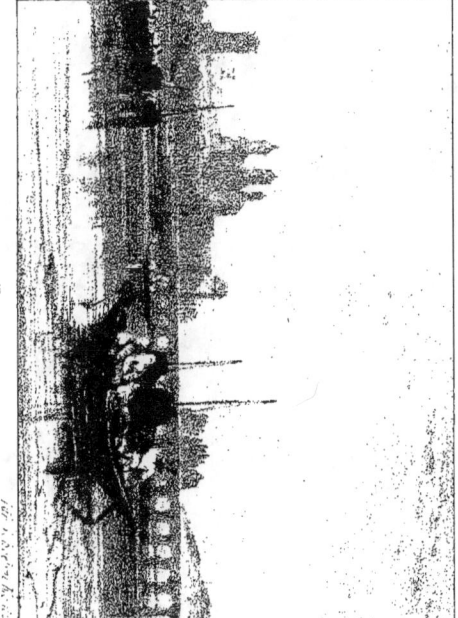

Turner

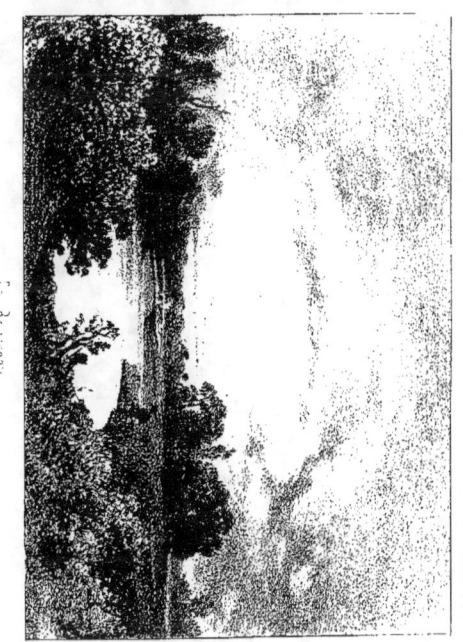

P. Rousseau

Planche VII

PREMIER SUPPLÉMENT.

AUTRES EXEMPLES D'INTERPRÉTATION DE LA NATURE PAR L'ART
DANS LE GENRE DU PAYSAGE.

Tout ce qui a été écrit ou dessiné jusqu'ici dans le travail qui précède, a dû faire partie d'une collection de mémoires académiques. Cette condition m'a trop souvent obligé de passer rapidement sur la démonstration des principes, et les exemples que j'ai présentés de leur application m'ont paru insuffisants. Après avoir prouvé, par un assez grand nombre de compositions empruntées à des maîtres célèbres, que la beauté pittoresque de ces compositions provenait de ce que les masses ou les lignes principales étaient ordonnées suivant la loi *de variété avec analogie*, j'aurais aimé à répéter encore une fois ces exemples, mais en leur faisant subir des altérations qui auraient été une preuve frappante de mes doctrines. Tantôt j'aurais voulu que l'uniformité et la répétition des mêmes dimensions fussent substituées à la *variété*, autant que cela pouvait se faire, sans trop dénaturer la disposition primitive du maître ; tantôt, au contraire, prenant un grand nombre de sujets, mauvais pour cause d'uniformité, je les aurais reproduits améliorés d'après les principes du beau pittoresque ; mais j'ai dû me rappeler, dans tout le cours de mon travail, que je ne m'adressais pas à des élèves de peinture, et, d'un autre côté, pour bien des raisons, je ne pouvais tenter qu'un *Essai*, et non entreprendre un ouvrage élémentaire, étendu et complet. Enfin, j'ai cru devoir renvoyer à une autre époque le plaisir de parler spécialement à des élèves et à des artistes.

9

En attendant , ne pourrais-je rien faire pour réparer un peu l'insuffisance et l'imperfection de mon premier essai ? Ne devrais-je pas reprendre le crayon et, par son langage si clair et si puissant, illustrer ce que ma plume avait exprimé d'une manière incomplète et obscure sans doute ? Certes, quoi que je fasse, le désir que je sens de produire un corps de doctrines bien ordonné, ne sera pas accompli ; mais je puis aider à la faiblesse de mes premiers efforts , je puis leur donner plus d'utilité , et c'est dans cette conviction que je me remets au travail.

L'étude de la nature n'étant que la pratique de la science de l'artiste, il me suffira d'amplifier et d'illustrer ce que j'ai dit dans mon dernier chapitre sur l'interprétation du monde extérieur, pour remplir le but que je me propose en ce moment.

C'est sans doute un lieu commun , de dire, comme je l'ai fait , que chacun voit la nature diversement , suivant son intelligence, son caractère et son éducation ; mais la démonstration matérielle de cette vérité sera intéressante et pleine d'enseignement. Cette démonstration, je vais l'essayer, et cela, en offrant le récit d'une excursion dans la campagne avec quelques amateurs plus ou moins avancés dans l'étude et la pratique du dessin.

Un jour donc , à cette heure du soir où le soleil commence à répandre sur le paysage les lumières, les ombres et les couleurs dont l'effet est de produire ce spectacle sublime que tout être vivant admire et que le peintre étudie et adore, nous avions quitté la ville. Nous avions laissé les lieux où la main de l'homme a mis la roide régularité , la symétrie systématique de son industrie , à la place de la riche variété de la nature. En un mot, nous étions en face de superbes roches , dont le pied était baigné par une eau profonde et limpide. Des chênes, des frênes, des aunes, des ormeaux , des peupliers et des saules au feuillage argenté , bordaient la rivière et prêtaient à ses eaux leurs teintes variées. A sa surface s'élevaient les feuilles menues des joncs, des iris , des cypérus , des typha , des roseaux, et les nénuphars étendaient leurs larges feuilles rondes et faisaient briller leurs candides corolles. Sur ce fond de verdure intense, on voyait de temps en temps briller rapidement l'aile azurée du martin-pêcheur. La fauvette, le rossignol ou la mésange animaient par leur chant les délicieuses solitudes où j'avais conduit la petite caravane artistique ; et ce chant avait pour accompagnement continu le bruit de la cascade d'un petit moulin peu éloigné. Nous étions, en un mot, dans un de ces lieux où la nature montre à nu ses divins charmes à ses amants, les peintres et les poëtes.

Le plus souvent, lorsqu'un maître conduit ses élèves à la campagne, il commence par s'asseoir, et ses élèves se placent derrière lui pour dessiner exactement le même sujet. Cette manière de procéder ne signifie guère pour l'élève que copier le maître et non la nature. Car, le plus difficile de l'étude d'après nature, c'est de savoir la choisir, c'est de s'asseoir à l'endroit et dans une direction de regard convenables, c'est de comprendre dans son dessin plus ou moins de l'espace qui s'étend depuis la place où l'on est assis. Il doit y avoir avant tout un acte du jugement, du goût, de la capacité, de l'originalité de l'artiste ; et comme je ne voulais pas que cet acte fût remplacé par une simple imitation de mon goût et de mon œuvre, je priai chacun de mes compagnons de choisir le point de vue qui lui plairait le plus. Le panorama était riche ; chaque point de l'horizon offrait un sujet ; nous pouvions en prendre de très-différents sans nous séparer. En effet, assis à un même lieu, voici ce que chacun sut trouver ou ce qu'il choisit.

Pour le commençant, une masse d'arbres et même un arbre isolé est un fouillis ou fagot sans forme déterminée. C'est un chaos dans lequel il ne voit que du vert. C'est un dédale de branches plus ou moins embrouillées, d'où il se sent incapable de se tirer. Le bonheur, la prédilection, la providence du débutant, c'est la maisonnette, la grange, le châlet, la tour, plutôt carrée que ronde, le moulin à vent, et même le moulin à eau, s'il n'est pas trop entouré d'herbes ni de broussailles aquatiques.

Aussi le plus jeune, et en même temps le moins expérimenté de nos amateurs, ne trouva rien, ne vit rien dans les arbres légers et touffus qui s'élevaient devant lui, rien dans les rochers qui menaçaient presque sa tête, rien dans l'eau limpide qui coulait à ses pieds. Toutes ces beautés pittoresques, d'un genre élevé, étaient inaccessibles à son intelligence artistique non encore développée. Il était aveugle devant elles. Il ne vit que le petit moulin, et encore fut-il loin de se placer devant lui de la manière la plus convenable. Il fit le dessin que je reproduis en *fac-simile* dans l'exemple N° 1 de la Planche XIV, et que nous allons critiquer.

Ce dessin manque à tous les préceptes qui découlent des lois ou conditions du beau pittoresque. Le champ du sujet est exactement partagé en deux portions égales par l'horizon. La ligne qui termine à droite le moulin, partage encore une fois le champ du dessin en deux parties égales. Des dimensions et des formes semblables sont répétées dans les murailles ; aussi partout égalité et monotonie. Sur la chaussée, quatre touffes de végétation se succèdent dans une progression mauvaise, comme 1, 2, 3 et 4.

Quant au clair-obscur, point de variété non plus ; partout du gris et du blanc. Par conséquent, absence de solidité, de vérité, d'effet et de charme résultant du contraste des tons.

Le moulin qui a servi de modèle n'offrait pas sans doute de grandes ressources à l'art, et il eût été fort difficile au dessinateur le plus habile d'y trouver un sujet d'un beau style. Cependant avec de la science ce moulin pouvait être présenté de manière à satisfaire aux conditions du beau. Il aurait suffi de se porter à un ou deux mètres plus à droite, pour que la nature offrît un arrangement de lignes de beaucoup préférable. C'est en m'asseyant à cette place et en tâchant d'imiter le plus naïvement possible le modèle, que j'ai exécuté l'exemple N° 1 de la Planche XV. En passant vis-à-vis le côté opposé, le même moulin se présentait aussi d'une manière convenable, ainsi qu'on pourra en juger par l'exemple N° 4 de la même Planche XV.

Ces deux sujets ne sont ni grands ni poétiques, mais ils satisfont aux conditions de *variété* et d'*analogie*, et par cela seul ils doivent avoir un mérite artistique quelconque.

Occupons-nous maintenant des autres compagnons de voyage. Qu'ont-ils choisi ? Qu'ont-ils fait pendant que le commençant confectionnait son moulin ? Comment s'est manifesté le *trahit sua quemque voluptas ?* Il ne s'agit plus des œuvres d'un crayon tout-à-fait inexpérimenté ; nous n'avons plus de grandes fautes à signaler. Chez nos amateurs, il y a assez de mécanisme acquis, pour que le sens artistique individuel se manifeste sans trop d'embarras. Mettons donc vite sous les yeux la planche XIV, où nous trouverons les divers choix et interprétations que nous désirons.

L'auteur de l'exemple N° 2 a pris ce qu'il y avait de plus fin et de plus calme dans le panorama qui l'entourait, au point de vue de l'expression. Il a composé une idylle, et sous le rapport technique sa composition est bien disposée. Cependant on pourrait critiquer le peuplier qui s'élève vers la droite du dessin, à cause qu'on ne voit pas comment il s'attache au sol et que sa forme n'est pas heureuse. Les lumières, surtout à gauche, sont bien distribuées en ce qu'elles aident à déterminer les plans fuyants sur chacun desquels se trouvent les arbres et marquent ainsi leur éloignement respectif. Mais ce qui constitue le plus grand charme de ce sujet, c'est l'observation qu'on y remarque du principe d'unité. Il prouve combien l'emploi d'un seul élément principal qui est ici la végétation, donne du charme, de la poésie et de la grandeur à une composition. Le mélange en parties presque également importantes de plusieurs éléments dans un même sujet, tels que végétation, architecture, figures, rochers, produit sans doute parfois un bel effet, comme cela est prouvé par les grands paysages de Nicolas Poussin et par la plupart de ceux de Claude Lorrain. Mais ces œuvres nous paraîtront avoir quelque chose d'artificiel et de théâtral, si nous les comparons à celles où il n'entrera dans le sujet rien que des rochers ou rien que des arbres, ainsi que cela a lieu dans des vues d'intérieur de forêts ou de gorges de montagnes. L'observation de ce fait peut faire atteindre à l'unité, le grand secret des chefs-d'œuvre, comme l'a dit, du reste, Poussin lui-même.

L'auteur du N° 3 paraît avoir beaucoup aimé ce fameux maître, et l'on ne saurait le blâmer de travailler sous la protection d'un tel patron. Seulement, soit dit ici en passant, il faut se garder de ne chercher dans la nature que son patron. Cet exemple N° 3 montre, en effet, une apparence de paysage historique, et trahit quelque prétention à la grandeur de style. J'ose même croire que cette prétention nous paraîtrait assez fondée, si l'extrême exiguïté du format de ma traduction n'avait pour effet nécessaire de rapetisser le fond du sujet.

Quelque louables que me paraissent dans cet exemple N° 3 le choix et l'interprétation de la nature, je ne puis le quitter sans faire plusieurs observations critiques. Le tronc d'arbre qui fait coulisse à droite, est garni d'un feuillé qui est répété en forme et en intensité de ton par le buisson placé derrière sur le second plan. Cette faute enlève toute apparence d'éloignement à ce buisson, d'autant plus que, même abstraction faite de toute relation avec le grand tronc du premier, il forme une silhouette trop aigre sur le fond blanc de la montagne. Je relèverai comme une faute plus grave le tertre éclairé du même plan, dont la forme et la dimension se répètent deux fois sur le premier plan : une fois en lumière à gauche, et l'autre en masse fortement ombrée à droite.

Je suis certain que la valeur pittoresque d'un site est ce qui entraîne avant tout l'auteur de l'exemple N° 4. Il n'est pas, à coup sûr, insensible au caractère poétique du paysage, il sent la puissance de l'unité dans sa composition ; mais ce qui le ravit spontanément, c'est le concert de lignes résultant de la forme et du rapport des objets : la courbure d'un tronc, l'épanouissement du feuillé, la coupure d'un rocher, l'impressionnent comme le contour de la plus belle épaule ou du plus joli bras. Cette manière de sentir doit produire le gracieux et le joli, et je pense qu'on découvrira ces qualités dans l'exemple N° 4, quelque dégradé qu'il soit par la défectuosité de l'impression.

Si maintenant nous jetons un coup-d'œil d'ensemble et de comparaison sur tous les sujets offerts par les Planches XIV et XV, nous pourrons comprendre sans peine, quoique avec étonnement, combien une même nature et un même site peuvent être vus différemment, car les exemples N°s 2 et 3 ont été fournis par les mêmes lieux. On voit en effet, dans le coin de droite de l'exemple N° 1 de la Planche XV, les arbres qui figurent un peu à gauche et vers le milieu de l'exemple N° 2 de la même Planche. Tout en dessinant le moulin N° 1, on voyait le sujet N° 2 et même le sujet N° 3 ; mais, pour voir ces deux charmants sujets, ou plutôt pour les comprendre et sentir le mérite de leur poétique rusticité, il fallait posséder les bonnes lunettes que portait l'auteur de l'exemple N° 1, Planche XV, et avoir depuis longtemps perdu l'inexpérience du commençant. A ces huit sujets pris presque d'un même point de vue, j'en ai ajouté un, celui N° 2 de la Planche XVI, que je rencontrai encore autour du moulin dont j'ai tant parlé, en traversant le pont de bois qu'on aperçoit au centre du N° 3 de la Planche XV. Cet exemple, pour ainsi

dire, sur-ajouté, prouvera combien la nature est riche, fertile et inépuisable pour celui qui est parvenu à la comprendre.

C'est avec peine que, dans la revue que nous venons de passer, je n'ai pu
donner quelques mots d'encouragement au commençant. Je vais réparer
cette omission ou plutôt ce tort, en faisant voir avec humilité combien les
yeux de celui qui se pose maintena t en maître , ont été jadis peu clairvoyants. Je pourrais tirer de mes album des pages crayonnées de ma main
il y a vingt ans, et égayer le lecteur à mes dépens en en reproduisant des
fac-simile ; mais cela ne serait utile qu'autant que je rapprocherais d'eux
des dessins des mêmes sites, pris alors que je m'étais fait des principes et
que j'avais acquis de l'expérience. Bien souvent je pourrais reproduire le
moulin ou la maisonnette que j'avais seulement aperçus, là où plus tard
les arbres, les eaux, les terrains m'ont offert des sujets d'une grande
beauté pittoresque. Par malheur je manque d'espace pour présenter convenablement ces utiles et curieuses comparaisons. Je m'en permettrai une
cependant, et on la trouvera, j'espère, significative.

A cet effet, je reproduis dans l'exemple N° 3 de la Planche XVI, un dessin
fait d'après nature , il y a plus de v ngt ans, derrière le Mont–Ventoux,
aux environs de l'antique Vaison. Cette contrée, connue des archéologues
et des paysagistes, est riche en belles montagnes dans les fonds, en végétation méridionale et en terrains rocailleux heureusement découpés ; mais il
faut avouer que, tout en étant sans doute impressionné par la beauté des
sites, j'avais été alors bien impuissant à l'exprimer, et cela par défaut de
science. Mon dessin est la contradiction la plus complète des principes que
je me suis faits et que je professe aujourd'hui ; dans mon dessin aucun objet
n'a une importance voulue relativement aux autres. Tous ces morceaux de
collines placés en coulisse les uns derrière les autres, sont d'égale dimension; les lignes de leurs pentes sont toutes parallèles entre elles ; le terrain
coupé du second plan à droite, s'élève à la même hauteur que la grande
montagne du lointain ; les fabriques posées à ce même plan sont de la
forme la plus triviale ; les petits arbrisseaux qui terminent le champ du
dessin à droite, sont d'une maigreur pitoyable; la haie ou parapet qui est
à gauche et au juste milieu de laquelle s'élève derrière une broussaille,
n'est pas d'un effet moins mesquin: les quelques petits peupliers qui s'élè-

vent au second plan dans le lit de la rivière et près d'une des granges, ne cèdent pas au reste en maigreur et en nullité de valeur pittoresque : bref, mon ancien dessin n'est pas même digne de critique.

Vingt ans après, je suis revenu dans ces vallées chères à mon enfance; j'ai repris le crayon et je me suis assis en murmurant des vers charmants du poëte souabe Uhland, qui m'étaient rappelés par la circonstance :

> O vous montagnes ! ô toi soleil ! combien vous êtes restés jeunes et combien j'ai vieilli.

Mais l'étude console, comme dit Cicéron, et l'expérience s'acquiert.

On en verra le fruit dans l'exemple N° 4. Il ne fallait qu'avancer de quelques pas en avant de ces pauvres fabriques du N° 3, et alors le Mont-Ventoux apparaissait dans sa majestueuse grandeur et avec les accidents de découpure qui lui donnent son individualité. Aucun tertre, aucun monticule, n'avait plus la prétention de paraître aussi grand que lui. Les terrains qui s'avancent à sa base, méritent bien la place du milieu qu'ils occupent, à cause de la beauté pittoresque de leur forme ; la rivière qui coule ajoute du calme au caractère grandiose du sujet. Enfin les arbres qui s'élèvent au bord de l'eau établissent des contrastes, des échos et des analogies qui concourent au bon effet général.

Le premier besoin, le premier devoir du paysagiste est, sans nul doute, de voyager. Ce n'est qu'en vivant dans un commerce intime, perpétuel avec la nature, ce n'est qu'en l'étudiant et l'observant sans cesse dans l'infinie variété produite par les climats et les saisons, par la hauteur et l'exposition des lieux, par les heures du jour, par les météores, par l'industrie et la civilisation, par les arts de l'homme, etc., etc., qu'il se pénétrera et qu'il profitera des ressources offertes par cette bonne mère nature. Son étude constante dans les diverses conditions de variété que je viens d'énumérer, est le meilleur moyen de ne pas tomber dans une monotonie et une répétition de sujets qui ne sauraient être rachetées que par un talent d'exécution du premier ordre, ainsi que cela arrive chez quelques grands maîtres, dont l'œuvre, tout admirable qu'elle reste, semble n'être qu'un seul et même air en variations interminables.

Il faut donc voyager ; mais cette nécessité n'implique pas des voyages lointains , à l'étranger, hors de l'Europe, ou dans d'autres continents. Il y aurait, sans doute, quelque avantage, ne serait-ce que pour les émotions de l'artiste, à ce que l'eau qui coulerait à ses pieds s'appelât le Nil ou l'Euphrate, à ce que la fabrique qu'il dessinerait s'appelât le Parthénon ou le Colisée, à ce que la figure qui traverserait le paysage fût une jeune fille de Cervera ou de Tivoli, plutôt qu'un dandin habillé de neuf, suivant le Journal des modes parisiennes. Cependant il n'y a pas de contrée, pas de ville, pas d'habitation rurale, autour de laquelle la nature n'offre une assez grande variété. Allez sur le Pont-Neuf, me disait un jour Jules Dupré , et , si vous avez du talent , vous y verrez de quoi faire vingt chefs-d'œuvre. Ce jeune maître contemporain , et la plupart des anciens de la Hollande , Cuyp , Ruysdael, Rembrandt, n'ont guère voyagé ; G. Poussin et Claude Lorrain ont passé leur vie dans la campagne de Rome , et ils ont tous fait des chefs-d'œuvre.

Il importe donc peu de se promener près ou loin de son atelier. Il s'agit seulement de porter en voyage la science suffisante pour savoir lire dans la nature. De même que chaque pierre et chaque plante réveillent des idées dans le cerveau du naturaliste, il faut que chaque forme, chaque couleur, chaque effet de clair-obscur qui défilent d'une manière incessante devant les yeux du peintre voyageur, soient pour lui un sujet d'observation et de méditation. Sans cela il est inutile de changer de place, à moins que des motifs hygiéniques vous y obligent ; car , dans les Alpes, vous ne verriez que le châlet, en Italie l'oratoire à la Madona, et au bord de l'Océan la baraque des baigneurs.

Ce n'est pas que la grandeur des scènes alpines ou pyrénéennes ne frappe tout le monde ; mais tout le monde qui n'a pas eu une bonne éducation artistique, ignorant ce que l'art peut et ce qu'il ne peut pas, s'applique à fixer le souvenir de ces scènes , et il échoue. Les trois croquis de la Planche XVII vont nous faire voir comment. Ce sont des vues prises dans les Pyrénées , et les montagnes figurées dans ces croquis portent des noms qui réveillent, autant que possible, des idées de grandeur ; mais la copie crayonnée est loin de rappeler de semblables idées. C'est qu'il faut beaucoup de science pour prendre un point de vue , de manière à ce que

10

la copie reproduise les sensations qu'on a éprouvées devant le modèle. La difficulté est surtout pénible, pour ne pas dire impossible à surmonter, lorsqu'il s'agit d'exprimer la grandeur des masses. Aussi, cette grandeur est-elle une des qualités qu'il convient le moins de rechercher dans la dimension des objets que l'on prend pour modèle. Il est beaucoup plus avantageux de s'attacher à leur forme, car c'est dans cet attribut que gît leur plus grande valeur pittoresque. J'ai dit cela plusieurs fois, je le répète, et bientôt j'appuierai mon assertion par des exemples très-significatifs. En attendant, examinons le croquis N° 2 de la Planche XVII. Il a été tracé devant une immense montagne ; mais ces masses de rochers n'ont pas, avec le reste du sujet, des rapports susceptibles de faire apprécier leur distance et par suite leur grandeur. La moitié du tableau est vide, et l'objet auquel le dessinateur a voulu donner le plus d'importance, c'est-à-dire la grande montagne, se trouve former presque la bordure du tableau, pendant qu'il n'y a rien au centre, à ce foyer où doit être toujours placé l'objet le plus important du sujet. Ces arbres, d'égale dimension, alignés sur la ligne médiane, constituent encore un oubli complet de la loi de *variété*, qui exige des différences et des contrastes.

Le croquis N° 4 offre exactement les mêmes fautes que le N° 2 : même vide au centre du tableau et sur le premier plan ; même alignement, diagonal cette fois, d'objets de dimensions de forme et de nature égales. Ce sont ici des maisons, au lieu d'arbres. Même affaiblissement de valeur dans les montagnes du lointain. Ces deux croquis ont été pris avec une telle ignorance des moyens de l'art, que l'artiste le plus habile chercherait peut-être vainement à les améliorer, sans changer la disposition principale des masses. Une telle correction ou amélioration effectuée par le maître, serait une excellente leçon pour ceux qui désirent apprendre ; mais elle n'est possible qu'autant que la conception première n'est pas entièrement défectueuse, et c'est malheureusement ce qui existe presque toujours dans un dessin mal pris d'après nature. Cependant l'exemple N° 1 n'est pas entièrement dans ce cas ; et, pour faire apprécier la valeur de la leçon tirée d'une espèce de corrigé, je reproduis le même sujet dans l'exemple N° 4 de la Planche XVIII. Une étude comparée avec attention des deux manières de traiter le même sujet, fera comprendre, j'espère, sans que j'aie besoin de signaler moi-même les changements, quelles sont les licences que je me suis permises, quels étaient les défauts du croquis primitif, quelles sont les ressources que la science a fournies.

Je viens d'indiquer *deux* manières de traiter le même sujet. Il y en aurait dix, il y en aurait cent et mille, car l'emploi de la végétation en différents endroits, l'emploi des figures, la variété que peut produire, en quantité et en intensité, la distribution des lumières, des ombres et des demi-teintes, donnent nécessairement un nombre immense de combinaisons ; mais ici, comme en beaucoup d'autres occasions, le temps et l'espace manquent, l'intelligence du lecteur doit suppléer.

J'ai donné sous le N° 3 de la Planche XVII, le croquis d'un pin d'Alep, arbre commun sur tous les rivages de la Méditerranée, moins grand ordinairement que le pin-pignon ou pin d'Italie, et très-varié de port et de forme, quoiqu'il le soit moins que le pin sylvestre, lequel prend toutes les attitudes et devrait plutôt s'appeler le pin Protée. Chaque fois que je rencontre de beaux individus d'une espèce quelconque de ces arbres, je ne puis m'empêcher de me demander pourquoi les deux Poussin, les Both et d'autres grands paysagistes ne les ont pas admis dans leurs tableaux. Il est vrai que Claude Lorrain les a souvent employés. Ainsi, malgré la réputation de ceux qui les ont repoussés, il est permis de trouver les pins très-pittoresques, très-gracieux, très-nobles, très-légers, ou d'un velouté intense de ton, et de ne pas se gêner pour les introduire dans une composition d'un style élevé ; mais ce n'est point pour démontrer ici le mérite de ce genre d'arbre, que j'ai tracé le croquis N° 3. Cet arbre est là sous nos yeux, pour faire sentir qu'un objet de belle forme, placé au milieu du tableau, peut ne pas remplir les conditions d'une bonne composition, et s'opposer à ce que celles du clair-obscur puissent être convenablement observées. En effet, dans un tel sujet, il est bien difficile de distribuer la lumière de manière à ce que son foyer ne soit pas trop éloigné du centre, et cette difficulté se présente chaque fois que le champ du tableau est occupé par des arbres entiers, qui ne laissent voir le ciel, partie ordinairement la plus lumineuse, que dans les coins. On peut cependant surmonter les difficultés par des effets recherchés de clair-obscur, dont Huysman de Malines, qui a souvent fait des intérieurs de forêts, nous fournirait quelques bons modèles. Mais il est plus commode , en général, d'éloigner davantage sur le second plan, les arbres que l'on veut représenter en entier, ainsi que je l'ai fait dans le sujet N° 3 de la Planche XVIII, où a été employé le pin qui figurait ailleurs tout seul et trop au milieu du tableau.

En parlant de la nécessité des voyages , j'ai prétendu que la richesse de la nature , en quel lieu que ce fût , pouvait dispenser le peintre paysagiste d'aller chercher le beau dans des contrées lointaines. Je reprends cette proposition pour la démontrer par quelques exemples. Rappelons-nous les deux ou trois croquis de la Planche XVII, revoyons cette immense quantité de châlets lithographiés ou peints à l'aquarelle si habilement par Hubert, pensons à ces recueils de *vues* destinés à la consommation des baigneurs ; tout cela aura été cherché dans les Alpes ou dans les Pyrénées. Eh bien ! je rappelle ici les huit ou neuf sujets fournis par les environs d'un même moulin de la campagne de Montpellier, et j'ajoute l'exemple N° 1 de la Planche XVI et les exemples N°s 1, 2 et 3 de la Planche XVIII, pour faire apprécier la variété de quatre sujets offerts par notre campagne méridionale , à vingt pas d'une même métairie située au milieu d'une plaine sans accidents, et que, au premier abord, l'on croirait d'une stérilité complète pour l'artiste. Je dirai même qu'en outre des quatre sujets que j'ai reproduits par la lithographie, j'en possède encore une dizaine en portefeuille, tous pris au même endroit et tous également variés.

Rien ne serait plus utile pour faire apprécier la valeur des principes théoriques, rien ne pourrait mieux les inculquer dans l'esprit, rien ne conduirait plus promptement ni plus sûrement à leur application pratique , que l'examen critique et le *corrigé* des ouvrages qui manquent à ces principes. Ce que j'ai fait pour le seul croquis N° 1 de la Planche XVII, il faudrait le faire pour cent autres. Ce que j'ai dit d'un élève inexpérimenté , il faudrait le dire pour les artistes connus et même pour des maîtres renommés. Cette tâche est trop longue pour le moment; elle est même très-difficile et délicate en ce qui touche des hommes dont les œuvres sont prises habituellement pour modèle , et auxquelles il faut proposer des corrections. Cependant , comme cette tâche est un devoir et une nécessité inévitable , je ne la déclinerai pas. Je ferai seulement en sorte d'être plus retenu que Harding, qui a traité avec si peu d'égards Claude Lorrain, en signalant

minutieusement les fautes de ses compositions , et que le gradué d'Oxford,
qui a sacrifié tous les anciens maîtres et même les modernes à Turner,
chez lequel tout est parfait selon lui (1). Je suis complétement convaincu
qu'il y a , chez Harding , conviction et sincérité ; mais il y a silence
sur de grandes qualités des anciens et peut-être un peu d'inintelligence
du caractère poétique de leurs œuvres. On voit, tous les jours , des hommes également distingués qui ne se comprennent pas, et cette circonstance fâcheuse doit faire pardonner à Harding d'avoir jeté du ridicule
sur le *Campagnuolo* ou le *Bolognese*, en reproduisant en *fac-simile* de
vieilles gravures d'après eux. Une autre fois, voulant faire la critique
d'un paysage de Rembrandt, de celui de grande dimension qui fait partie
de la collection du Louvre, il le grave avec une sécheresse et une négligence affectées , et il emploie tout le charme séduisant de son burin dans
la correction qu'il en donne, de telle sorte que, s'il avait traité l'original
comme il a traité le corrigé et *vice versâ*, on n'aurait pas pensé que la
composition de Rembrandt eût été améliorée.

En osant, à mon tour, faire ici la critique du paysage de Rembrandt et
proposer des corrections, j'y mettrai du moins une entière bonne foi.
Ainsi l'exemple N° 3 de la Planche XIX est l'imitation, aussi fidèle que la
petite dimension de mon cadre me l'a permis , de la belle gravure qu'on
peut voir dans le Musée royal d'Henri Laurent. On peut trouver qu'il y a
un croisement fatigant de terrains anguleux. A la première vue de
cette composition on est désagréablement impressionné par le zig-zag
monotone que produisent les inclinaisons égales des pentes. Les deux
troncs coupés du premier plan sont deux objets semblables, placés trop
symétriquement sur ce terrain. Le grand arbre est d'une forme lourde ; sa
silhouette vers le centre du tableau offre une répétition monotone des
mêmes masses. La petite branche qui dépasse est trop défeuillée, et, par
cette raison , elle offre un contraste qui est sans analogie avec le grand

---

(1) J'ai assez loué Turner pour oser prononcer quelques paroles de critique à son
égard ; ainsi je dirai, en bonne foi et conscience, qu'il y a dans les dernières œuvres de
ce maître célèbre de l'Angleterre, des choses d'un faux, d'un bizarre , d'un fantastique
et d'une faiblesse d'exécution qui les placent même en dessous de toute critique sérieuse.

arbre. On peut remarquer sur les seconds plans d'autres arbres d'une forme très-maigre. Le nuage n'est pas non plus d'une forme pittoresque.

J'aurais pu éviter toute responsabilité en reproduisant la correction de J.-D. Harding ; mais il y a tant d'audace à vouloir corriger Rembrandt, que je veux être puni si j'ai tort, et j'offre mes propres corrections, me livrant ainsi moi-même à la férule des juges appelés à comparer et à juger. Du reste, je déclare que les fautes relevées dans le paysage de Rembrandt n'ôtent rien à l'admiration que je ressens pour toutes les œuvres de ce grand artiste. Je suis certain que la toile d'après laquelle les gravures ont été faites, est un chef-d'œuvre sous le rapport de la couleur et de la touche. Enfin, malgré toutes les fautes de composition dont Rembrandt peut être coupable, je préfère toujours la moindre de ses eaux-fortes au tableau le plus irréprochable de beaucoup d'autres peintres.

Rembrandt, me disait le maître que j'ai si souvent cité, J.-D. Harding, Rembrandt a eu dans son art, sa jeunesse et son âge mûr. Ses jeunes productions étaient aussi éloignées de la perfection que l'ont été celles de tant d'autres peintres qui ont vécu et sont morts inconnus. Ce qui est déplorable, c'est qu'on se serve de son nom, justement révéré, pour inspirer de faux jugements et de préjugés au moyen de quelques œuvres qui sont indignes de lui. Il faudrait connaître à fond l'histoire des œuvres de Rembrandt, pour pouvoir apprécier les observations de Harding, qui doivent paraître justes en général.

Je présente dans le N° 1 de la Planche XIX, un sujet emprunté à un de nos paysagistes contemporains, dont les lithographies et les aquarelles ont eu un immense succès. Si, dans la lithographie originale, l'auteur n'a eu d'autre intention que de produire un modèle de dessin à l'usage des élèves, la critique que je puis faire ici n'a pas de portée contre l'auteur ; mais s'il avait choisi son point de vue comme étant le plus convenable pour transmettre les impressions occasionnées par le site, il me semble qu'il a eu tort de donner une telle importance à une grange d'une valeur pittoresque très-médiocre, et de lui sacrifier les montagnes dont la grandeur a un caractère tout autre que cette grange. Il me semble que le même sujet serait plus convenablement interprété, s'il l'eût traité comme j'ai essayé de le faire dans l'exemple N° 2.

Dans la Planche XX, j'ose encore traduire en jugement l'œuvre d'un artiste auquel j'ai toujours accordé mes sympathies, et dont le talent, après beaucoup de combats, finit par trouver de grands appréciateurs. Néanmoins, le sujet de coucher du soleil reproduit par ma petite lithographie, me paraît offrir des répétitions de formes et de dimensions entièrement contraires à la beauté pittoresque. Le terrain du premier plan n'est autre chose, quant à la forme et à la dimension, que le renversement de la colline du dernier plan. Il y a symétrie entre les deux arbres placés à droite et à gauche du tableau. Les contorsions des troncs dans les arbres de gauche ont lieu encore avec une symétrie que n'offre pas la nature végétale, et qui me paraît malheureuse. Il y a encore trop d'égalité dans la forme des terrains qui font coulisse à droite et à gauche, et les nuages n'offrent pas beaucoup plus de contrastes ; de sorte que je ne puis attribuer le charme qu'on a trouvé à ce tableau, qu'au calme et à l'unité d'effet qui s'y trouvent rendus avec beaucoup de talent ; après tout, le tableau reste un bon ouvrage, malgré ses défauts de composition.

Mais j'ai cru que l'effet calme et mélancolique d'un soleil couché serait plus agréable si on l'appliquait à une composition dans laquelle seraient employées des formes d'arbres et de terrains plus distinguées, et j'ai essayé de crayonner l'exemple N° 3, qui offre la plus grande analogie avec le N° 1 dans les dispositions des lignes principales et de la lumière.

L'exemple N° 2 est la copie d'une eau forte, publiée, il y a peu d'années, par un journal d'art. C'est là une œuvre de cette école qui a cherché le beau dans le laid, et qui n'a accepté pour sujet du tableau que tout ce qui avait été repoussé par les devanciers. Tout ce qui, dans la nature, par la beauté des formes ou l'arrangement des objets rappelait tant soit peu ce que les maîtres ont eu le bon goût de choisir, a été rejeté. Ils en sont venus jusqu'à rejeter le sens commun. C'est, à la vérité, une route nouvelle dans laquelle ont été découvertes, il faut le reconnaître, des choses inconnues et peu observées. Ces courageux explorateurs ont fait parfois remarquer une valeur pittoresque qu'on n'aurait pas soupçonnée dans bien des lieux, considérés auparavant comme des déserts stériles pour le paysagiste. Mais combien d'écueils et de chutes dans cette route ! Beaucoup s'y sont égarés et ont fini par en prendre une meilleure , et d'autres s'y sont perdus pour jamais.

Il en a été de ces artistes novateurs et démollisseurs comme de certains philosophes ou socialistes. Ils ont tout mis en question , renié toute tradition ; ils ont substilisé , ils ont été exclusifs et intolérants comme ceux qui savent peu , et, à force de se creuser la tête, ils ont perdu le sens commun , au milieu d'un déluge de paradoxes , dont quelques-uns sont assez spécieux. Il semble, d'après eux , que, hors de leur cotrie , on ne comprend pas la nature , qu'on la fausse , qu'on ment. Or , il se trouve que ce soient eux qui connaissent le moins les lois de cette nature , et je vais le prouver par un exemple.

D'abord , la nature est *variée* avant tout. C'est là son principal caractère et sa plus grande beauté, et ce qui la fait tant aimer. Or , voyez ces troncs d'arbres également espacés , dont le 2e et le 4e (en comptant par le gauche) sont en outre également divisés en fourches , parfaitement semblables et armés de branches parallèles ; cette répétition de forme , de grosseur de tronc , n'est point naturelle , et elle est encore moins pittoresque. Ces maigres rameaux morts ne sont pas non plus dans la nature. D'après les lois physiologiques de la végétation , les arbres meurent, en commençant par les cimes , et ils ne meurent pas lorsqu'ils sont à l'état d'arbrisseau , comme dans l'exemple cité. La nature ne permet pas non plus qu'une branche pousse au milieu de la section d'une ancienne branche. C'est là un mensonge épouvantable. Les lois de la lumière ne veulent pas non plus que le ciel et le terrain soient également brillants. En résumé , cette prétendue forêt, faite dans le *système* des prétendus adorateurs purs de la nature, est un outrage contre ses lois. Je donne à côté un sujet très-analogue dans sa composition ; il ne faudrait pas le taxer d'*arrangement* , parce que la disposition des parties y est plus heureuse, plus pittoresque, et mieux selon les lois et conditions de la beauté, telles que je les ai exposées ; car , c'est une étude faite aussi exactement que possible d'après nature , avec ce respect et cette adoration que je professe pour elle , autant que qui que ce soit.

Je crois seulement qu'elle ne se présente pas constamment dans les conditions de l'art , et qu'il faut choisir non-seulement d'après son intinct ; mais encore suivant la connaissance que l'on a dû acquérir de ces conditions.

Cherchons du nouveau, quoique depuis long-temps on ait dit qu'il n'y en avait plus au monde ; mais dans cette recherche n'abandonnons jamais le sens commun, la tradition des maîtres, et encore moins les principes qui découlent invariablement de l'organisation intellectuelle de l'homme.

Malgré toute la modération que j'ai voulu mettre dans les expressions de ma critique, je n'ai pu remplir cette tâche, mais ce doit être sans regret ; ce que j'ai voulu attaquer, ce ne sont ni des réputations, ni des talents incompris par envie, mais l'ignorance et les préjugés qui, au moyen de grands noms justement respectés, imposent constamment une admiration aveugle. Cette admiration, si elle n'est inspirée par une capacité d'appréciation fondée sur les principes de l'art, est contraire aux intérêts et à l'éducation de l'élève. Il doit admirer et vénérer ce qui est vraiment beau ; mais il faut auparavant qu'il puisse se dire pourquoi l'objet de sa vénération est beau, et qu'il sache distinguer le bon du médiocre. Les plus célèbres artistes ont eu leur enfance, leur âge mûr, leur déclin ; et il serait fort surprenant que l'on ne pût dire d'eux ce que Horace disait du plus grand des poëtes : *Quandoque bonus dormitat Homerus.*

D'ailleurs on sait bien que nul maître n'a excellé, en même temps, dans toutes les parties de l'art, et qu'on ne possède le plus souvent de grandes qualités, qu'à la condition de montrer en même temps de grands défauts.

Je ne terminerai pas ce Supplément sans aller au-devant d'un reproche qui ne peut manquer de venir à l'esprit du lecteur, et même à la seule vue des planches qui accompagnent mon texte. On me demandera nécessairement pourquoi je n'ai démontré ma théorie, qu'en ne présentant que des exemples d'application au paysage. Ma réponse se trouve déjà aux pages 28 et 29 de ce livre ; mais j'ai encore de meilleures raisons à donner. Les voici : Dans la représentation des têtes, des figures, des fleurs, des animaux et de certains monuments d'architecture, et d'une foule d'autres objets de nature morte, l'imitation de la forme, des couleurs et de la lumière qui éclaire ces objets est possible à l'art, et ces

11

objets ayant , le plus souvent par eux-mêmes , une grande valeur intrinsèque , au point de vue de la beauté physique , de l'expression, et d'une
foule d'autres idées que leur image rappelle , il s'ensuit que leur pure
et simple imitation, si elle n'est pas tout , elle est du moins suffisante
pour attacher beaucoup notre esprit , et c'est ce qui arrive , lorsque nous
regardons ces peintures chinoises ou indiennes dépourvues de toute
science , ou bien des figures d'histoire naturelle. Dans d'autres cas , au
contraire , il y a difficulté de faire la part du plaisir qui nous vient de
ces idées et de celui qui provient de la science et de l'art , c'est ce qui
aurait lieu , si une tête, peinte par Rembrandt, était pour nous celle
d'une personne aimée ou celle d'un grand homme vénéré. Mais rien de
cela n'a lieu , s'il s'agit du paysage. Ici, l'imitation telle qu'elle , est je ne
dirai pas insuffisante, elle est impossible. La grandeur des objets à imiter,
les puissants effets de couleur et de lumière surtout que nous présente la
campagne , ne trouvent nécessairement , sur la palette du peintre et sur
la toile de son chevalet , que des ressources insuffisantes. L'impossibilité
d'imitation est encore plus manifeste, si l'artiste n'a qu'un crayon et un
morceau de papier pour reproduire la nature. Cependant, avec de si faibles moyens, il peut réussir dans son audacieuse tentative.

C'est , comme disait Gœthe , qu'il voit la nature avec un regard d'a-
mour, que la nature et lui s'embrassent avec ravissement , et que le tor-
rent, le rocher, la forêt l'animent et l'inspirent.

C'est, en termes moins poétiques qu'il a suppléé à la faiblesse des moyens
dont il pouvait disposer par une science indispensable puisée dans l'observation et l'expérience. Il a produit , non pas une imitation impossible ,
mais une interprétation pleine de sentiment et d'intelligence.

C'est , enfin , qu'il n'y a pas moyen d'esquisser le moindre coin de
paysage , sans faire usage de principes de composition qu'on a pu igno-
rer et dont on a pu se passer en pratiquant d'autres genres. Aussi voit-on
des peintres de genre , des peintres de portraits fort habiles , être d'une
incapacité complète , lorsqu'ils essaient de dessiner un arbre , ou une
vue quelconque dans la campagne.

Voilà ma réponse au reproche qui pourra m'être fait , d'avoir principalement exposé ma théorie sur des exemples de paysage.

SECOND SUPPLÉMENT.

DE LA BEAUTÉ DE LA FEMME.

Doch die Schönheit war immer der Gott der Welt
. . . .
Drum soll auch ein ewiges zartes Band
Die Frauen, die Sänger umflechten
Sie wirken und weben Hand in Hand
Den Gürtel des Schönen und Rechten.
SCHILLER.

Lorsqu'une théorie est fondée sur la vérité, elle n'admet pas d'exceptions et jamais elle ne doit faire défaut à l'explication qui lui est demandée. A ces conditions, on est forcé d'attacher peu de valeur à presque tous les systèmes présentés jusqu'ici pour expliquer la cause de la beauté. On a beaucoup parlé du beau, mais on n'a parlé du beau en général sans faire de distinction entre la beauté morale, la beauté physique et la beauté pittoresque, qualités bien différentes qui ne se rencontrent pas ensemble d'une manière nécessaire. Burke, l'abbé Batteux, Hutcheson, Kant, Barthez, Kératry et bien d'autres ont cru savoir la cause de cette beauté indéterminée, en l'attribuant l'un à la grandeur des objets, l'autre à leur petitesse, celui-ci au poli de leur surface, celui-là dans leurs proportions. Que de systèmes différents! Le beau, dit l'un, c'est le vrai; c'est le bon, répond l'autre; c'est la vertu, reprend un troisième; c'est l'utile, c'est le mouvement, c'est le repos, etc. Chacune des ces qualités, en effet, se trouve parfois être un des caractères d'une beauté quelconque, etc., etc. On a fini même par ne rien trouver de plus beau que le laid, témoins certaines figures de Rembrandt et Quasimodo de notre poëte Victor Hugo.

Il est inutile de dire à celui qui étudie le beau pittoresque, pinceau ou crayon en main, qu'il peut infiniment mieux employer son temps qu'à lire les livres d'esthétique , et à faire des efforts de méditation pour accorder les systèmes divers qu'ils exposent. Je regarderai donc aussi, comme du temps perdu , celui que je consacrerais à examiner , discuter ou réfuter ces systèmes. Cependant , une de ces théories , celle qui proclame l'utile comme source unique du beau physique , étant adoptée , sinon par des artistes pratiquants , du moins par des savants et des hommes de lettres aimant à disserter sur l'art, j'emploierai quelques lignes à faire voir combien elle est peu fondée.

Ainsi, je demanderai à cette doctrine de l'utile , pourquoi une colonne cannelée, avec son chapiteau à feuilles d'acanthe, nous plaît plus qu'un pilier sans ornement; pourquoi nous aimons mieux un vase orné de filets et de festons , que le premier pot venu; pourquoi nous sommes enchantés des fantaisies de l'ornementation orientale, qui ne provient ni de l'utile, ni du bon, ni du vrai ; pourquoi telle pose de figure est plus ou moins agréable; pourquoi une fabrique ou un arbre, etc., vus d'un côté, paraissent plus beaux que vus d'un autre; pourquoi la place d'un objet quelconque dans le champ d'un tableau a tant d'importance pour la beauté de la composition (1).

---

(1) Afin de rendre cette vérité frappante , j'ai donné au haut de la Planche XXI un château , vu de deux points différents. Là où il y a répétition de lignes , la forme est détestable, et là où la variété existe , elle est charmante. Puisqu'il n'y a là qu'un même château et qu'un même arbre, comment expliquer la différence de leur beauté d'aspect par la théorie de l'utile ? Au bas de la même Planche figurent deux arbres , c'est-à-dire, un seul et même arbre vu de deux points différents. Quelle différence dans leur valeur pittoresque ! Lorsque nous avons le plat d'un livre, un panneau, une bordure de dessin à faire , nous aimons à voir dans les coins des arabesques dans le genre de celle qui occupe le coin gauche inférieur de la même Planche XXI, et nous sommes contents de regarder cet ornement. La cuiller qui occupe l'autre coin , serait certainement moins commode pour manger sa soupe que nos cuillers ordinaires, cependant nous serions enchantés d'en voir de pareilles sur notre table, comme les Persans de chez qui on m'a apporté ce modèle. Comment la théorie utilitaire expliquerait-elle ces faits dont les exemples sont infiniment nombreux ?

Au point de vue utilitaire les mots ornement , broderie , parure, n'auraient aucune signification, et si nous n'étions au fond sensibles qu'à l'utile, à quoi bon la sculpture dans nos maisons, à quoi bon les fleurs dans nos jardins? L'estimation des choses à leur seul point de vue utilitaire , n'existe pas même chez les enfants ni chez les sauvages. Qui n'a vu avec étonnement dans nos musées de curiosité des calebasses, des armes, des fruits, de cocos adroitement ciselés par la main de ces sauvages ? Au contraire , on serait tenté de dire avec un de nos écrivains contemporains, excellent juge en matière d'art, qu'il n'y a de vraiment beau que ce qui ne peut servir à rien, et que tout ce qui est utile est laid. Lorsque nos yeux rencontrent un objet doué de beauté, il y a une sensation vive et subite comme l'éclair, et qui devance tous les raisonnements. Le premier regard jeté sur une femme, la vue de sa taille, de son pied, de sa main, des tresses de sa chevelure excitent parfois une émotion spontanée, avant que nous ayons examiné et jugé si ces organes que nous voyons, et ceux plus importants que nous ne voyons pas, remplissent bien leurs fonctions. Les pathologistes nous disent que les formes les plus séduisantes sont souvent le signe d'une constitution scrofuleuse, et aucun d'eux, que je sache, n'a constaté que la beauté fût toujours la compagne de la santé.

Certainement, on ne saurait nier que la connaissance des qualités et de l'utilité des objets ne contribue à régler chez nous l'idée que nous nous formons de leur beauté. Il y a une foule d'idées accessoires qui modifient celle du beau, et chaque esthéticien a du vrai dans sa théorie ; d'ailleurs, presque toujours la convenance, l'utilité et la beauté marchent d'accord dans les œuvres de la nature.

Mais, avant tout, la sensation de beauté pittoresque tient à une relation de notre sens intime avec la forme ou la couleur des objets. Il n'y a pas, dans tout ce qui nous entoure, une ligne, une couleur, un son, un mouvement qui n'ait son retentissement dans notre âme ; et c'est à cause de cette sensibilité que l'homme a de grands besoins intellectuels. C'est l'art qui les satisfait ; il nourrit l'âme, comme le pain nourrit le corps. L'art a donc mission d'étudier ces besoins, et il doit le faire à un point de vue entièrement moral et en dehors de toute pensée d'utilité matérielle.

Le peintre a pour moyen des lignes, des tons et des couleurs, comme le musicien a des sons graves et aigus. Quelles émotions ne recevons-nous pas de la combinaison de ces sons! Quel frémissement nous procure une voix tendre ou sonore! Quel ravissement en écoutant un chœur de jeunes filles ou l'instrument du virtuose! De quelle mélancolie nous pénètre le son de l'orgue! Quelle poétique agitation donne une symphonie de Beethoven! Quelles douces émotions ne devons-nous pas à ce qu'on appelle la musique de chambre, depuis la tendre et naïve pièce de clavecin, de Chambonnière ou de Couperin, jusqu'aux vives, dramatiques et fantastiques compositions de nos contemporains, Heller, Mendelssohn ou Schumann! Par quelle théorie expliquer comment chaque nation, chaque époque, chaque école, a mis tout son caractère dans la musique? Hélas! nous avons été émus, nous le sommes et nous le serons, parce que nous sommes nés sensibles à ces rapports des sons. Il est dans la nature de notre âme d'être généralement affectée de tristesse par des intervalles mineurs, et de joie par des intervalles majeurs. Cela est, parce que cela est, parce que Dieu l'a voulu dans sa bonté pour l'homme qu'il a doué de facultés si délicates et si incompréhensibles. Eh bien! nous ne sommes pas moins sensibles aux rapports de lignes et de couleurs. Ces rapports nous affectent différemment, indépendamment de toute idée d'utilité ou d'imitation. Il y a des formes, des contours, des rapports de tons qui peuvent être doux à notre sens intime comme un andante de Mozart; d'autres qui peuvent nous ébranler profondément comme un allégro de Beethoven. Cette musique pure et abstraite des formes et des couleurs, personne ne l'a mieux comprise que les Orientaux. Les schalls, les indiennes, dont se parent nos femmes, les tapis que nous foulons aux pieds, peuvent nous donner une idée de leur génie de l'ornementation. Les livres que nous possédons sur l'Alhambra, sur l'Égypte, sur les Indes, sur l'Asie-Mineure, les innombrables dessins rapportés par mon jeune frère, de la Perse et de la Turquie, montrent ce génie appliqué d'une manière admirable à l'embellissement du moindre plafond, de la moindre porte, du plus petit minaret. Ces peuples, débarrassés de cette étude et de cette imitation difficile de la nature qui absorbe le temps et la pensée des artistes de l'Occident, n'ont eu qu'à se livrer à

leur fantaisie, sans autre soin que de rapprocher des couleurs, et de con-
tourner, croiser en zig-zag ou aligner des lignes propres à charmer la vue.

Si donc les lignes ont tant de puissance sur notre âme, on sent de quelle
importance est pour le peintre la recherche de la forme ou du contour,
et des combinaisons les plus capables de faire naître en nous la sensation
du beau pittoresque. Je crois avoir prouvé que la variété avec analogie
comme moyen d'unité, et certaines lois dans la succession des dimensions
étaient la condition du beau pittoresque. Comment cette théorie explique-t-
elle la beauté ravissante de la femme? Est-elle d'accord, cette théorie,
avec les moyens que Dieu a employés pour agir sur nous si vivement
par l'effet des lignes et des couleurs, pour arriver à ses fins, pour nous
faire aimer et proclamer la compagne de l'homme, la plus belle œuvre de
sa création? Serait-il possible d'analyser avec nos idées, ces contours que
Dieu donne au corps de la femme pour rendre sa beauté plus puissante,
comme dit Anacréon, que les griffes de l'aigle et les cornes du taureau,
que les dents du lion, que la raison de l'homme, et qui tient lieu de mille
lances et de mille boucliers? Cherchons; notre investigation ne peut être
d'ailleurs que pleine de charmes.

Le peintre moraliste Hogart, comme sans doute beaucoup d'autres artistes, était persuadé qu'il existait une ligne dont les contours constituaient
la beauté, et il s'est servi de la plume d'un médecin son ami, pour exposer
ses idées. Son livre est plein de puérilités singulières, et les gravures qui
l'accompagnent sont loin d'être belles; mais dans ce livre il y a des pensées
très-justes, et Hogart avait grandement raison de croire à ce qu'il ap-
pelait la ligne de beauté. Cette ligne est, selon lui, une courbe irrégulière,
à peu près la spirale qui entoure un cône (voy. ci-haut de la Pl. XXI), et
qui détermine la forme d'une corne. Cette courbe est, en effet, plus
agréable à l'œil que toute autre, et nous l'observons principalement
dans tout ce que nous trouvons beau et surtout gracieux.|

Les lettres majuscules ci-dessus sont d'un charmant effet pittoresque. Il
en est de même de plusieurs autres traits familiers à la main des calligraphes.

On peut voir, du reste, dans plusieurs livres illustrés, avec quel bon-heur les Orientaux font entrer les caractères de leur alphabet comme ornement dans leurs monuments d'architecture. Les fleurs, les coquilles, le cou du cygne, ces objets (voy. Pl. XXI) qui ont pour notre œil tant de charme, sont tous déterminés par des courbes irrégulières. C'est la même courbure qui règne dans tous ces caprices d'ornement qu'on connaît sous le nom d'arabesques.

Cette courbe a-t-elle une formule mathématique précise ? Serait-il possible de donner des règles du beau pittoresque par les moyens du calcul différentiel et intégral ? Hélas ! je n'ai pas cette pensée ridicule. Je crois que la formule du beau est plutôt dans le cœur de l'homme, que dans les livres de mathématiques transcendantes ; mais, de même que nous avons constaté, au commencement de cet essai, que l'ovale était toujours plus pittoresque que le cercle, l'ovoïde que l'ovale, c'est-à-dire selon que ces contours avaient des générateurs plus variés, je constaterai que la courbe, qui a pour générateur des éléments encore plus variés, est plus pittoresquement belle que le cercle, l'ellipse ou la parabole, dont les éléments ont moins de variété. Cette variété se présente encore ici comme élément du beau. Pourquoi cela est-il ainsi ? Est-ce parce que toutes les œuvres de la nature, que nous avons aper-çues depuis que nos yeux se sont ouverts à la lumière, ces œuvres que nous sommes nés pour admirer, offrent pour caractère dominant la variété, et que cette admiration, devenue une habitude, nous fait sentir cette variété, comme premier besoin de notre sens intime ? Ou bien, est-ce là une de ces causes premières qui resteront éternellement cachées à l'homme ?

Peu doit nous importer, à nous qui ne voulons et ne devons chercher la cause du beau que pour rendre notre crayon plus apte à le produire. Qu'il nous suffise donc de constater que la variété est cette cause.

J'ai montré tout à l'heure des exemples pour démontrer la suprême va-leur de la courbe irrégulière. Le premier corollaire de cette démonstra-tion s'applique au corps de la femme, qui est le plus merveilleux et le plus puissant assemblage des courbes irrégulières, se succédant avec une va-riété inouïe, et présentant cependant la plus parfaite unité, par l'analogie

qui règne entre toutes ces courbures. D'ailleurs cette perfection de beauté
est, parce qu'elle doit être. Dieu a voulu que la destinée de la femme fût
de plaire, de charmer et d'attacher ; et ce que Dieu veut bien, s'accomplit.
Il n'a besoin pour cela ni de prophètes, ni de la parole des révélateurs ; il a
créé la femme belle et sa volonté a été faite : *Sicut erat in principio et
nunc et semper et in secula seculorum.* AMEN.

Quelques grands philosophes de l'antiquité et des théologiens chrétiens, même des plus sanctifiés, n'ont pas mêlé leur voix au chœur, et ont
cru sans doute que la femme était une création du démon, faite pour
perdre l'homme, comme Ève, notre mère commune. Saint Thomas pour-
suivit d'un tison ardent la belle jeune fille que ses parents lui envoyaient
pour le ramener au monde. Démocrite prit le rude parti de se rendre
aveugle, pour n'être pas tyrannisé par la vue du sexe.

Ce sont là, il faut en convenir, de singulières, d'étonnantes, et surtout
de fort rares aberrations du bon sens, de bien violentes résistances à la
volonté de Dieu. On dirait qu'il y là le dépit du Gros-Réné de Molière,
concluant sa tirade colère, en s'écriant que les femmes ne valent pas le
diable ; ou bien avec Dorine :

> Vous êtes donc bien tendre à la tentation.

Certainement, les femmes ont causé des malheurs et ont fait faire de
solennelles sottises ; il y a longtemps que Virgile le disait :

> *Improbe amor, quid non mortalia pectora cogis?*

Boileau, il faut en convenir, a tracé quelques portraits ressemblants
dans sa satire ; on ne saurait non plus nier qu'il y a des femmes laides,
coquettes, jalouses, boudeuses et acariâtres ; mais il y en a de belles,
belles d'une beauté qui les ferait croire d'une nature supérieure à celle de
notre sexe, doté plus largement encore de tous les vices qui dégradent
l'espèce humaine, et si elles ne sont pas toujours des anges, nous n'a-
vons guère le droit de les condamner.

Mais laissons les Tartufes qui se donnent l'air d'avoir inventé la
chasteté et la continence. Honorons les anciens païens, qui pratiquaient
ces vertus, les louaient et les récompensaient, avant cette prétendue

12

invention. Ne perdons pas de vue notre sujet pour faire de la philosophie, et continuons nos observations purement artistiques. Examinons
en détail les parties du corps de la femme, où se montrent les courbes
ravissantes qui lui sont particulières, caractères magiques dont Dieu s'est
servi pour écrire sa volonté dans une langue qui ne mourra jamais et qui
sera éternellement comprise de tout l'univers vivant. Si nous commençons
par la chevelure, nous y trouverons une source inépuisable de ces courbes.
Lorsqu'elle se déroule, c'est une véritable corne d'abondance, qui verse à
flots les tons les plus chatoyants et les ondulations de forme les plus pittoresques. J'ai donné dans une seule planche (N° XXII) quelques exemples
pris d'après nature, sur des personnes vivant autour de moi. Si j'avais
voulu en offrir d'autres et présenter une collection plus variée et plus
étendue, les modèles ne m'auraient pas manqué, en puisant dans les modes
des pays étrangers et des époques plus ou moins éloignées ; mais mon specimen suffira pour montrer la richesse pittoresque de la chevelure chez la
femme. Soit qu'elle s'applique sur les tempes en bandeaux ondulés ou
crépus, soit qu'elle présente une large masse lisse, soit qu'elle se torde en
grosses boucles, soit que ces boucles tombent éparpillées en légères et
fines spirales, soit que, tressés ou nattés, les cheveux ceignent la tête d'une
espèce de couronne, la chevelure est la plus belle parure donnée par le
Créateur à la femme. Elle est d'un effet plus admirable encore, lorsqu'elle
vole au gré du vent, ou lorsqu'elle couvre le torse, comme un voile trans-
parent dans toute sa longueur, ainsi que Raphaël l'a peinte dans sa Ga-
latée (Planche XXI) et dans l'Ève du Paradis terrestre.

Quoique chaque trait de la figure ait chez la femme une grâce particulière à son sexe, je ne m'arrêterai pas à ces observations trop minutieuses,
que, d'ailleurs, tout le monde peut faire, à moins qu'on ne se trouve en
Orient, et je passerai aux parties qui ont des caractères différentiels plus
tranchés avec les parties semblables chez l'homme. Ces détails me feraient
répéter d'ailleurs des descriptions que l'on peut trouver dans tous les
ouvrages d'anatomie, dont quelques-uns ont été spécialement écrits pour
les artistes.

Les diverses beautés de la femme ne parviennent pas en même temps à
leur plus grand développement. Il en est qui arrivent plus tard, comme

une consolation, lorsque d'autres partent pour toujours. Je veux parler de toute la région des épaules, dont les grandes lignes ont un caractère puissant de magnificence. Rien ne saurait offrir de contraste plus heureux que celui de leur blancheur avec les tons plus ou moins intenses de la chevelure, ni que celui de la longue ligne arquée de leur contour et la largeur de leur surface avec cette masse de jolis détails que présente la tête. A cette surface, mollement arrondie par le tissu cellulaire, les ondulations produites par la clavicule sont d'une douceur admirable. Il n'y a de saillie plus douce, de forme plus ravissante que celles du sein, partie qui doit paraître d'autant plus belle, qu'elle est un des attributs les plus manifestes de ce sexe que nous devons trouver séduisant par-dessus tout, et qui est l'organe d'une des plus douces et des plus saintes fonctions que la femme ait à remplir, celle de la nutrition de son jeune enfant.

Une autre partie, belle par les mêmes motifs de contraste, c'est la région des hanches. De même que nous avons vu comment la grande étendue des épaules faisait valoir les beaux détails de la tête, nous observerons ici que les vastes et souples contours des hanches font ressortir, par un heureuse opposition, la finesse et l'élégance de la taille. Quant à l'ensemble du torse, j'essaierai de laisser la plume et de prendre le crayon pour donner une idée de l'étonnante variété de courbure et de dimension qu'offre cette partie du corps de la femme, qu'un anatomiste appelle le chef-d'œuvre de la nature; mais, à cause de l'insuffisance du croquis tracé sur la Planche XXI, je renverrai les lecteurs aux œuvres admirables et populaires de notre célèbre statuaire Pradier, l'artiste qui, peut-être de tous les temps, a le mieux compris et rendu la beauté pittoresque de la femme. C'est sur le marbre ciselé de sa main qu'on pourra découvrir toute cette beauté, et s'émerveiller sur son art et sur la nature.

Les membres supérieurs sont chez la femme, par la grâce de leur forme et la souplesse des mouvements qui leur sont naturels, d'une grande beauté pittoresque. Si, dans l'homme, la saillie des muscles deltoïde, biceps, supinateur et autres annonce la force, chez la femme ces saillies, moins fortes, s'effacent sous le tissu cellulaire, et la peau se moulant sur le tout, il ne paraît plus que des ondulations serpentines d'une grâce inouïe.

L'attache du poignet présente encore chez la femme des particularités remarquables qui lui sont propres. La transition des os du bras à ceux du carpe, qui semblerait n'offrir que des aspérités, a lieu chez elle par des courbes délicieuses qui ondulent jusqu'au bout des doigts à formes fines et coniques. Le bras droit de la Vénus de Médicis montre parfaitement, quoique avec un peu d'exagération peut-être, ces beautés du poignet et de la main. Pour rendre hommage à la beauté de l'ensemble de ces parties, je consacre une Planche (la XXIIIᵉ) à leur illustration ; elle fera apprécier les ressources pittoresques qu'offre le mouvement des bras. Rien n'est joli comme ce mouvement, lorsqu'il s'exécute pour le soin de la coiffure. Les lignes serpentines des contours, les ondulations soyeuses de la chevelure, les mouvements des doigts si déliés, forment un concert des plus harmonieux à l'œil. Dans la pose qui est à gauche, au bas de la Planche, on ne voit pas les traits du visage, mais on ne les suppose que plus jolis, car cette charmante main, sur laquelle retombent des boucles serpentines de cheveux, ne peut cacher qu'une figure ravissante. Je regrette beaucoup de n'avoir pas mis au dessin de cette Planche tout le soin et la correction que les sujets méritaient. Au reste, je n'ai eu d'autre but, en dessinant ces figures, que d'offrir dans leurs détails des démonstrations iconographiques de ce que je disais sur la beauté de la femme, et, dans leur composition, des exemples d'application de ma théorie. Sous ce dernier rapport, j'espère avoir introduit convenablement la *variété* dans les poses et dans la disposition des parties.

Le membre inférieur, la jambe et le pied, offre des accords de lignes semblables à ceux du membre supérieur ; mais il n'y en a peut-être pas de plus pénétrant que celui que forme le bas de la jambe et le cou-de-pied. Aussi, l'impression que produit la beauté de cette partie sur notre sens intime, est vive. Il passe alors par nos yeux quelque chose qui est rapide et qui ébranle, comme une étincelle électrique, comme une transition ou une modulation imprévue dans une marche d'harmonie.

Le sculpteur Canova me semble avoir rendu parfaitement la valeur pittoresque du bas de la jambe dans une danseuse, et je donne, au côté droit de la Planche XXI, un dessin d'après cette partie de sa statue ; cela me dispensera de toute autre observation, et même de celles qui s'appliqueraient aux charmants contours du pied.

Si nous récapitulons maintenant tout ce que j'ai fait remarquer rapidement sur chaque partie du corps de la femme, nous verrons que, depuis
les cheveux jusqu'aux orteils, il existe une suite de formes les plus belles
et les plus gracieuses, et qu'elles sont produites constamment par la ligne
serpentine, ou courbe irrégulière; et si nous jetons un regard sur l'ensemble du corps, nous trouverons que tous ses contours forment un concert
de lignes le plus suave, le plus doux, le plus ravissant qu'il soit donné
à l'homme d'entendre par les yeux.

Dans la Planche XXIII, j'ai donné une idée des ressources pittoresques offertes par le buste. Je voudrais maintenant mettre sous les yeux
du lecteur tout ce que le statuaire antique et moderne, et tout ce que la
peinture ont produit de chefs-d'œuvre en représentant le corps entier de la
femme, ce type le plus parfait de la beauté sur cette terre ; puisque je suis
obligé d'y renoncer, j'emploierai le peu d'espace qui me reste, c'est-à-dire
une XXIVᵉ planche et un coin de la XXIᵉ, à donner un échantillon seulement des ressources que les formes, la grâce et la souplesse du corps de
la femme ont offertes à Raphaël, à Flaxmann, à Ingres et à Pradier. Dans
tous les temps, la femme a été le sujet qui a fourni à l'artiste le moyen
de s'élever au plus haut degré du beau idéal; je regrette de ne pouvoir
prouver matériellement cette vérité en traçant des exemples empruntés aux
statuaires de l'antiquité, à Titien, au Corrège, à Jean Goujon, ou à Girodet,
en un mot à tous ces artistes qui ont atteint, par le secours de la femme,
cette qualité si rare et si séduisante qu'on appelle la grâce.

Maintenant j'ai quitté le crayon et bientôt je vais laisser la plume, mais
que ce ne soit qu'après que j'aurai ajouté quelques mots pour ceux qui
ne partagent ni mes idées, ni mes sympathies sur ce que je viens d'écrire
et de dessiner dans ce dernier supplément. Il ne manque pas de gens que
la moindre nudité semble offenser, et cela par un prétendu esprit de reli-
gion. Or, cette condamnation du nu ne peut avoir lieu que par l'effet de
ces conventions sociales diverses dans chaque pays, qui font un devoir,
en Europe, d'ôter le chapeau dans le temple du Seigneur, et qui, en
Orient, obligent, au contraire, à le garder. A ce titre, je respecte autant que personne au monde ces conventions en général, et en particulier
celle établie sans doute au profit de la laideur, et peut-être aussi de la

passion et de la coquetterie , qui défend de montrer ce qu'il y a de plus beau dans le corps; mais , au point de vue religieux, j'admets le nu, parce que rien ne saurait montrer la grandeur de Dieu comme le corps de l'homme, contemplé dans sa forme extérieure et dans son ensemble anatomique et physiologique. En cela , il n'y a pas d'esprit intelligent qui ne dise, comme saint Augustin : *Mirantur aliqui altitudines montium, ingentes fluctus maris , altissimos lapsus fluminum et gyros siderum : — relinquunt seipsos nec mirantur !* ou bien avec Moïse: *Anatome sola est quæ Dei vias et relicta vestigia speculatur et novit.*

Le nu est aussi le plus grand moyen que puisse employer l'artiste , pour arriver à la plus haute beauté d'expression et pour idéaliser ses sujets. Il suffit d'avoir tant soit peu étudié le modèle vivant dans un atelier , pour avoir observé comment le pauvre prolétaire en veste ou la jeune ouvrière en jupon se transforment en héros ou en déesse; comment un jeune manœuvre devient un charmant berger virgilien. Lorsque l'artiste voit tomber ces oripeaux , ces étuis dans lesquels le corps du modèle était auparavant enfermé , il se sent saisi d'une espèce de sainte admiration et il ôte son chapeau devant cette forme humaine débarrassée de ces vêtements qui la rendraient certainement très-ridicule, si nous n'étions habitués à nous voir habillés comme nous sommes. Si j'avais pu joindre à mon texte un plus grand nombre de planches , j'en aurais volontiers consacré une à rendre frappant ce que je viens de dire sur les figures nues comparées aux figures habillées. Après avoir vu le même individu nu et habillé , on serait convaincu que rien , dans le domaine de l'art , n'est susceptible d'une aussi grande beauté idéale de forme et d'expression , témoins les sculptures du Parthénon, la Vénus de Milo, le Torse antique, les compositions de Flaxmann, de Michel Ange, et bien d'autres. Je trouve même qu'une statuette de Pradier chante plus la gloire du Créateur , que toutes ces figures à plis raides, à membres estropiés , à tête d'hydrocéphale monstrueuse que la sculpture du moyen-âge nous a laissées et qu'un certain calme d'expression religieuse a trop fait admirer. La Prière et la Pudeur personnifiées dans les marbres dus au ciseau de notre statuaire contemporain Jalley , et placées à Paris dans la galerie du Luxembourg , sont des œuvres d'art qui prouvent que la nudité peut exprimer de la manière la plus pénétrante, les sentiments les plus chastes et les plus religieux.

Il se trouve enfin d'autres gens qui ne voient dans la femme, comme je l'ai déjà dit, qu'un objet de crime et de débauche. Ils ne voudraient pas, je pense, les faire toutes massacrer; mais ils les feraient volontiers toutes enfermer dans des couvents. C'est comme si l'on arrachait la vigne, parce qu'elle porte un fruit dont le jus enivre; en d'autres termes, parce que cette belle et utile plante est cause qu'il y a des ivrognes. C'est comme si l'on foulait aux pieds les roses, parce qu'elles ont des épines; ou bien, comme si l'on tuait le bon chien qui nous caresse, parce qu'il peut nous mordre. Ce sont les femmes qui auraient plutôt des raisons de vouloir l'extermination des hommes, elles qui donnent les plaisirs et gardent les douleurs, elles qui expient et paient si cher le bonheur qu'elles nous font partager. Aussi, loin de les haïr, consolons-les par nos sympathies et par nos louanges. Disons avec les anciens ces litanies qu'ils chantaient à la déesse de la beauté, sous le nom de parfum, en l'appelant *Filia Cœli, Dea mellea, alma Parens, Victrix omnium, Mater necessitatis, Mater gratiarum, pulchrè Subridens, mira Conciliatrix, Dea cui placent tenebræ noctis, quæ diis ipsis dulcem immittis cupidinem, quæ domas gentes mortalium omnium avesque aerias et feras omnes*; et beaucoup mieux répétons ici ces invocations adressées par les chrétiens à la Vierge, cette personnification des vertus et de la beauté de la femme :

Mater amabilis, Mater Salvatoris, Virgo veneranda, Virgo pulcherrima, Virgo potens, Virgo clemens, Causa nostræ lætitiæ, Vas spirituale, Rosa mystica, Turris eburnea, Fœderis arca, Janua cœli, Stella matutina, Salus infirmorum, Consolatrix afflictorum; tota formosa et suavis es, pulchra ut luna, electa ut sol. Specie tuâ et pulchritudine tuâ, intende, prosperè procede et regna.

En citant si près les unes des autres des paroles très-saintes et d'autres très-profanes, je ne pense pas avoir commis un rapprochement inconvenant. Cependant si je me trompais et s'il y avait des gens scandalisés, je demanderais un peu de la tolérance qui était pratiquée en pareille circonstance envers les artistes des siècles de ce moyen-âge qu'on donne comme l'âge d'or des vertus et de la dévotion. Il est bien avéré

qu'à cette époque, avant que Palestrina, ce grand musicien de la renaissance fût venu fixer les types inimitables de la vraie musique religieuse,
on chantait la messe et des antiennes, sur des airs de chansons populaires le plus souvent très-profanes et même obscènes. Ainsi, pendant que
les uns chantaient sur ces airs : *Sanctus* ou *et incarnatus est*, d'autres
faisaient un contre-point en chantant les paroles mêmes de ces chansons,
telles que : *En espoir d'amour merci*; ou *Baise-moi, ma mie ; Las, mon ami,
tu m'as. . . . .*

J'ai eu nommément entre les mains les preuves matérielles de cette tolérance inouïe. La bibliothèque de la faculté de médecine de Montpellier
possède un charmant manuscrit, richement orné de miniatures qui représentent, tantôt le Christ crucifié, tantôt un amant qui embrasse sa maîtresse, et les paroles sont alternativement de saintes prières et des
chansons dont l'objet est de raconter des aventures amoureuses de Ro-
bin, et de célébrer surtout *les belles dames, docettes, au corps gent,
dont la peau est blanche comme flor de lis, dont on remire la bouchette, la
frechette coulour ; les pastorelles qui s'amusent avec les bergiers dans la prairie sous un glai, pour guérir les griefs maux d'amour*, etc.

La conclusion et la moralité de tout cela, c'est la première ligne de
l'épigraphe empruntée au grand poëte allemand, c'est-à-dire, que *la
beauté fut toujours le Dieu du monde*. Adorons donc ce Dieu en imitant
le poëte, qui de tout temps lui a voué sa plume, le musicien sa lyre, le
sculpteur son ciseau, et terminons notre œuvre avec la satisfaction d'a-
voir voué les derniers traits de notre crayon à la beauté suprême dont
la femme est la réalisation ici-bas.

FIN.

Montpellier. — Typographie de BOEHM.

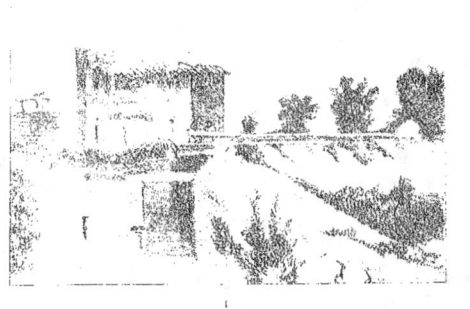

1

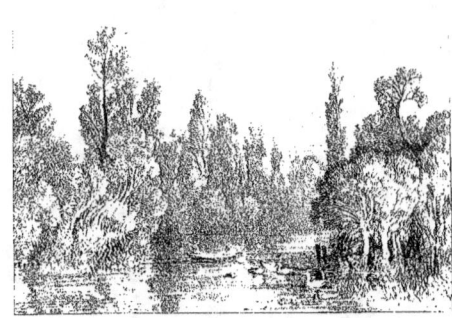

2

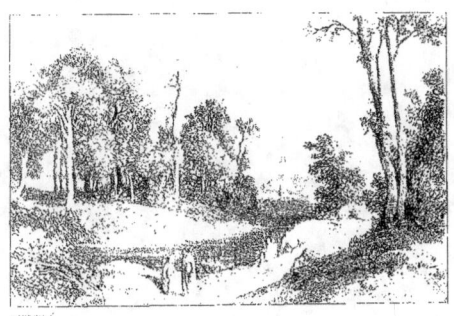

3

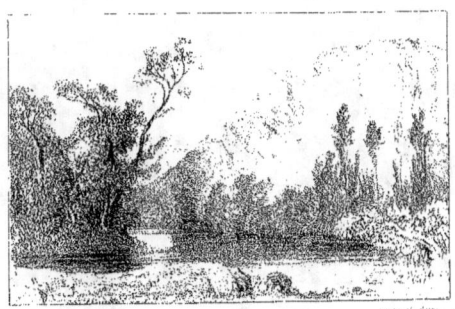

4

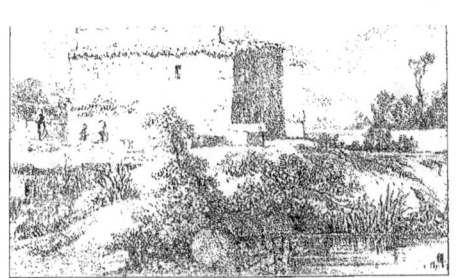

1

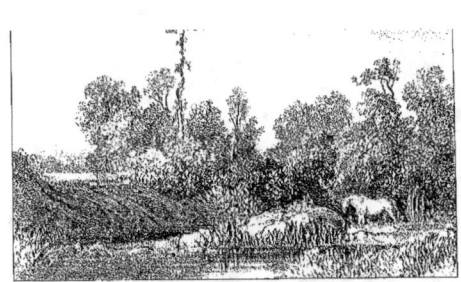

2

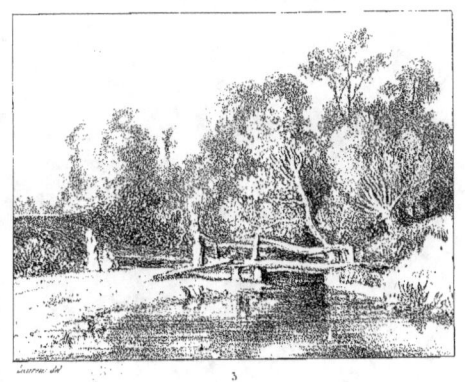

3

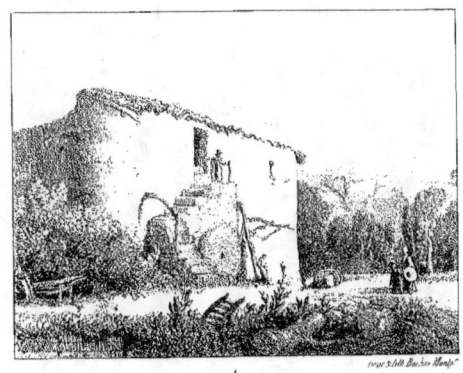

4

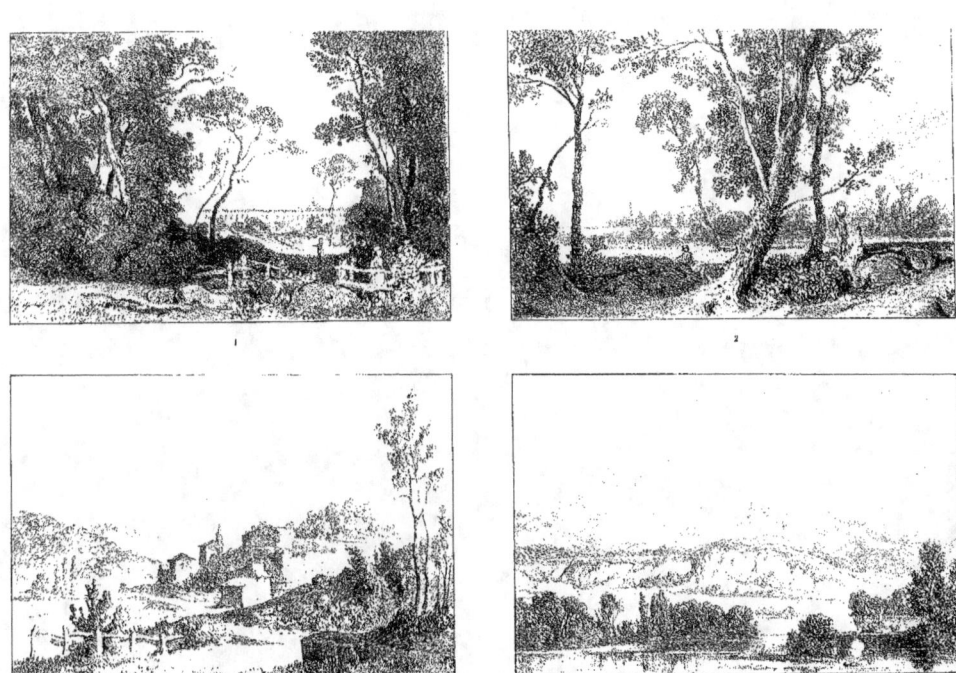

1

2

Laurens del.

3

Lith. Donnadieu, Montp.

4

Lawrent del.

3

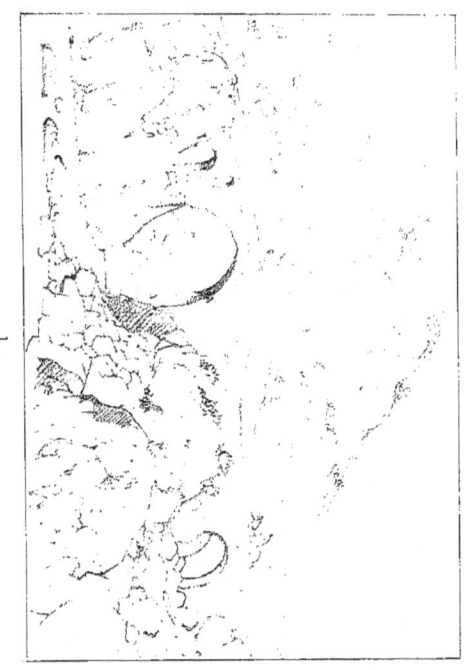

1

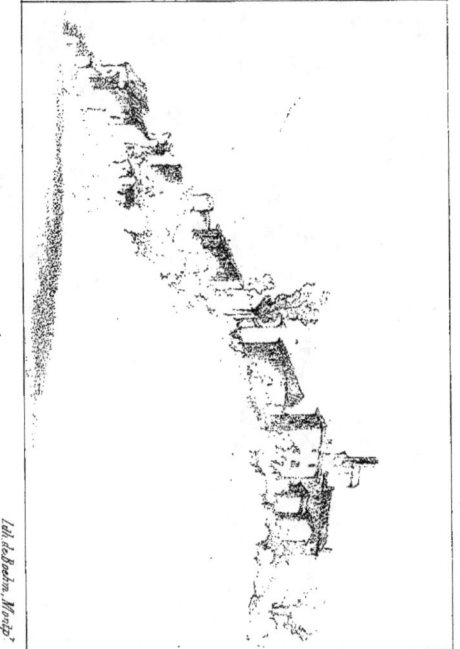

4

Lith de Bertin, Mon.

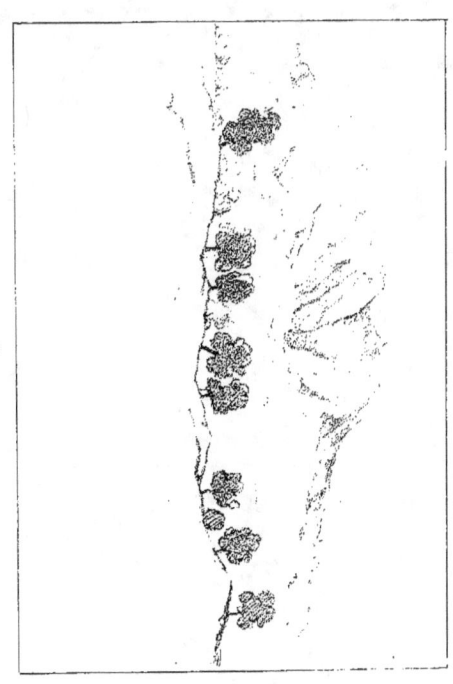

2

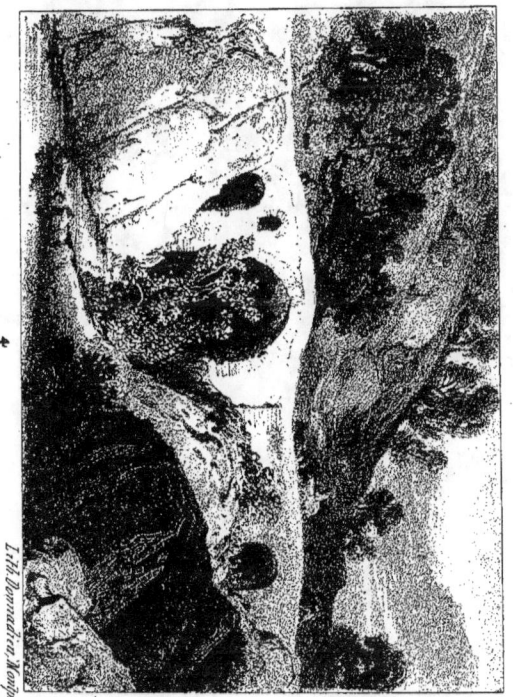

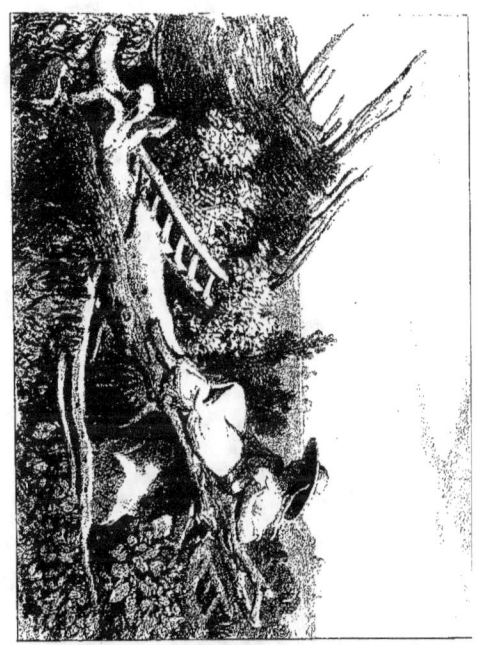

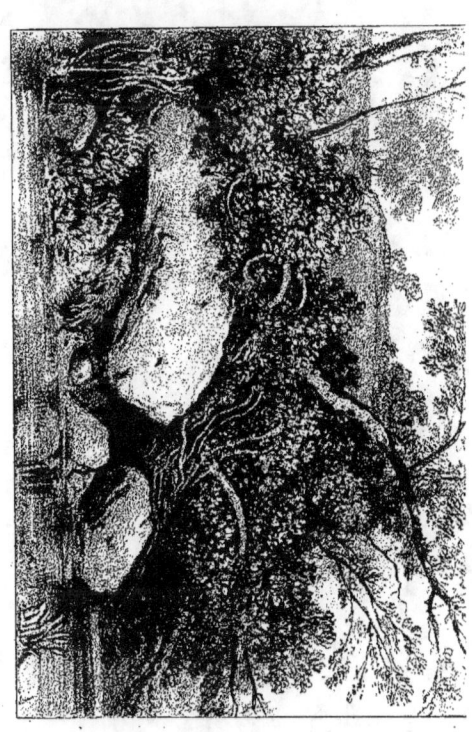

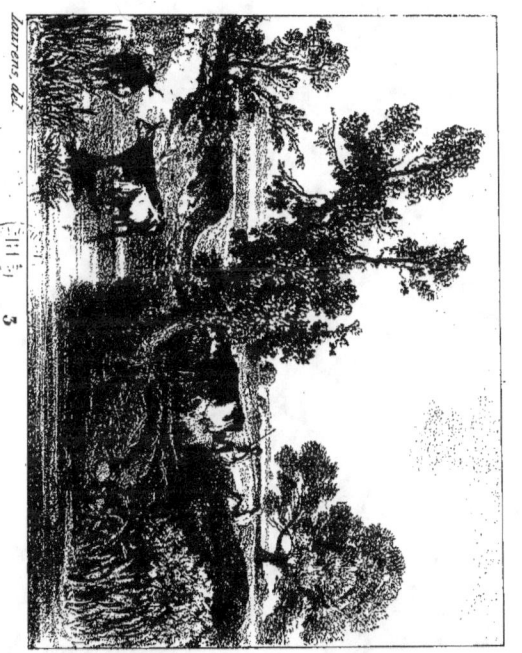

Laurens, del.

Lith.Donnadieu, Monlp.

3

1

4

2

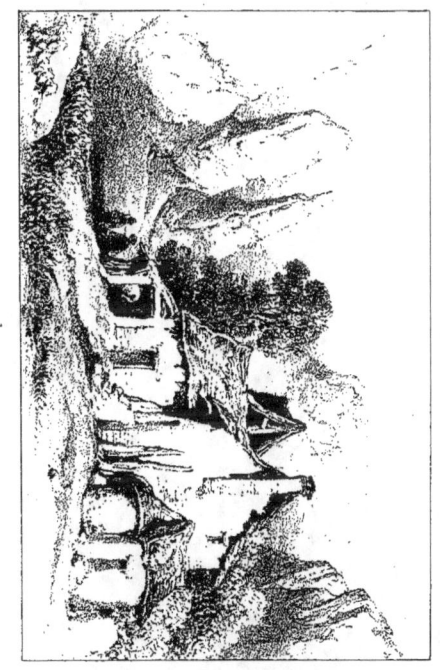

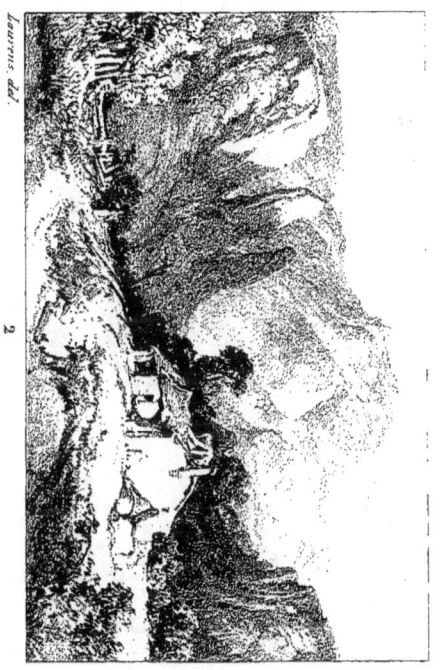

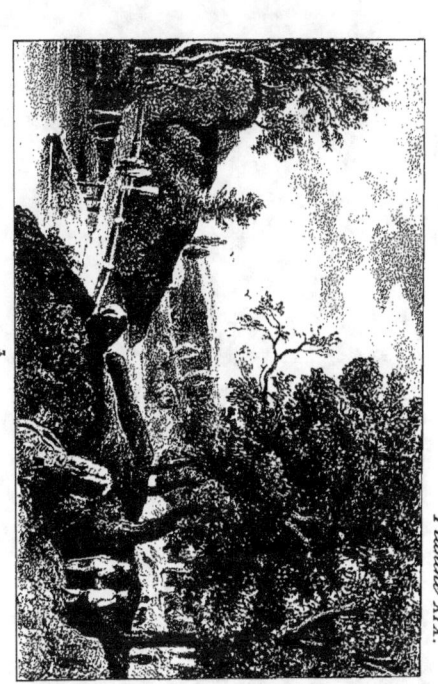

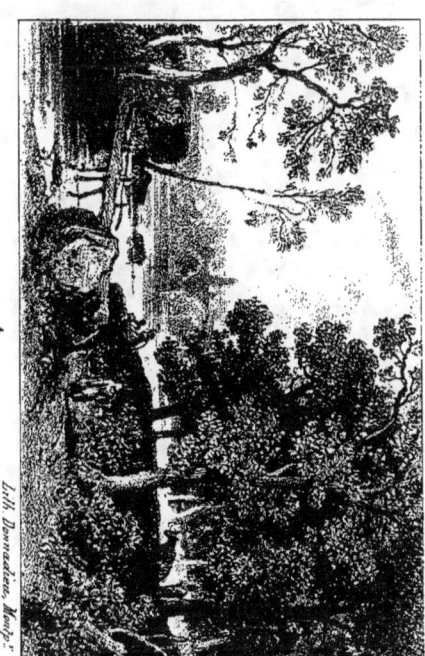

Laurens. del.

Lith. Bonnardeau, Meulp.

Planche XIX.

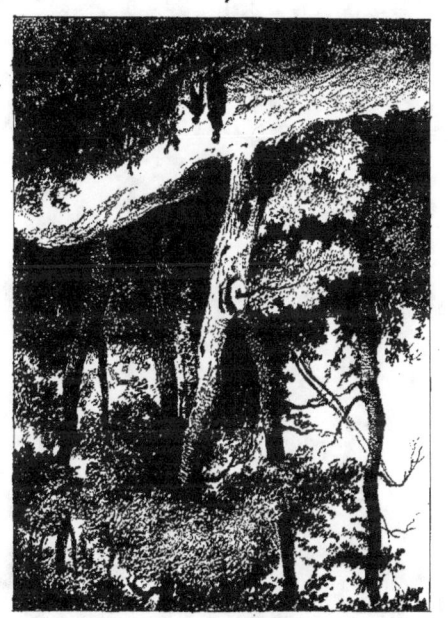

4

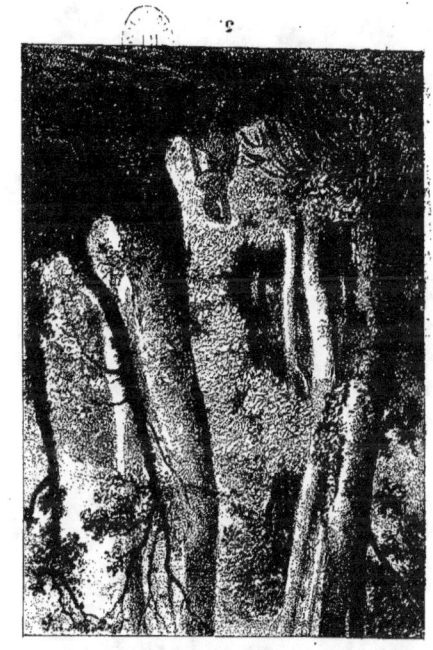

3

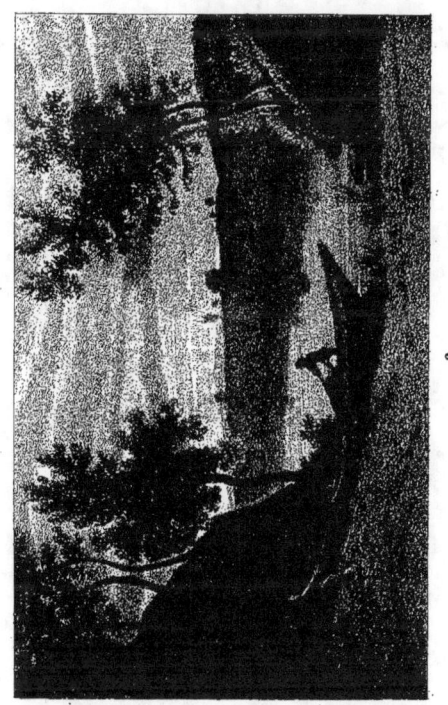

2

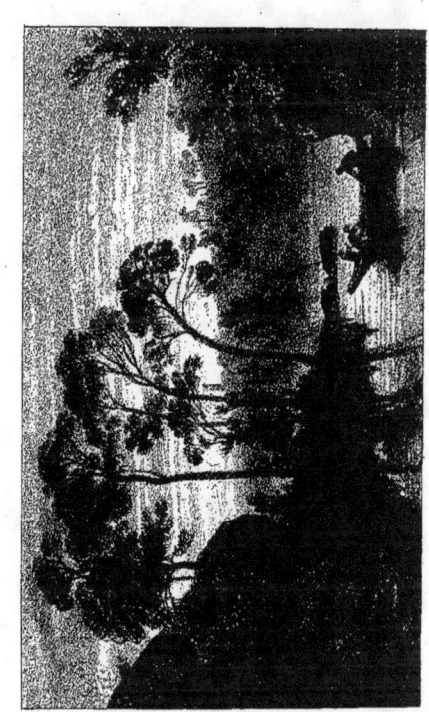

1

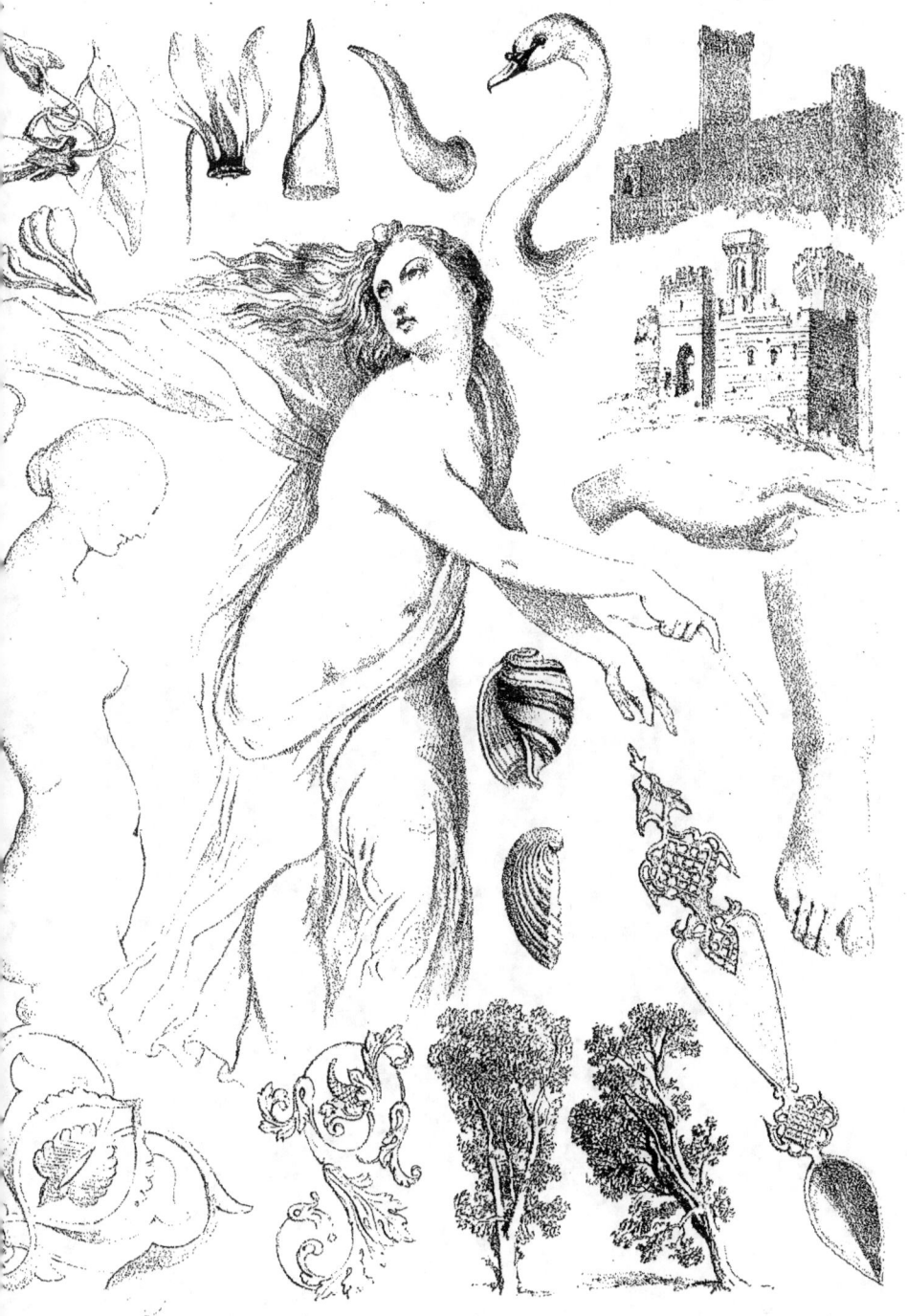

ns. del.   *Lith. Donnadieu, Montp.*

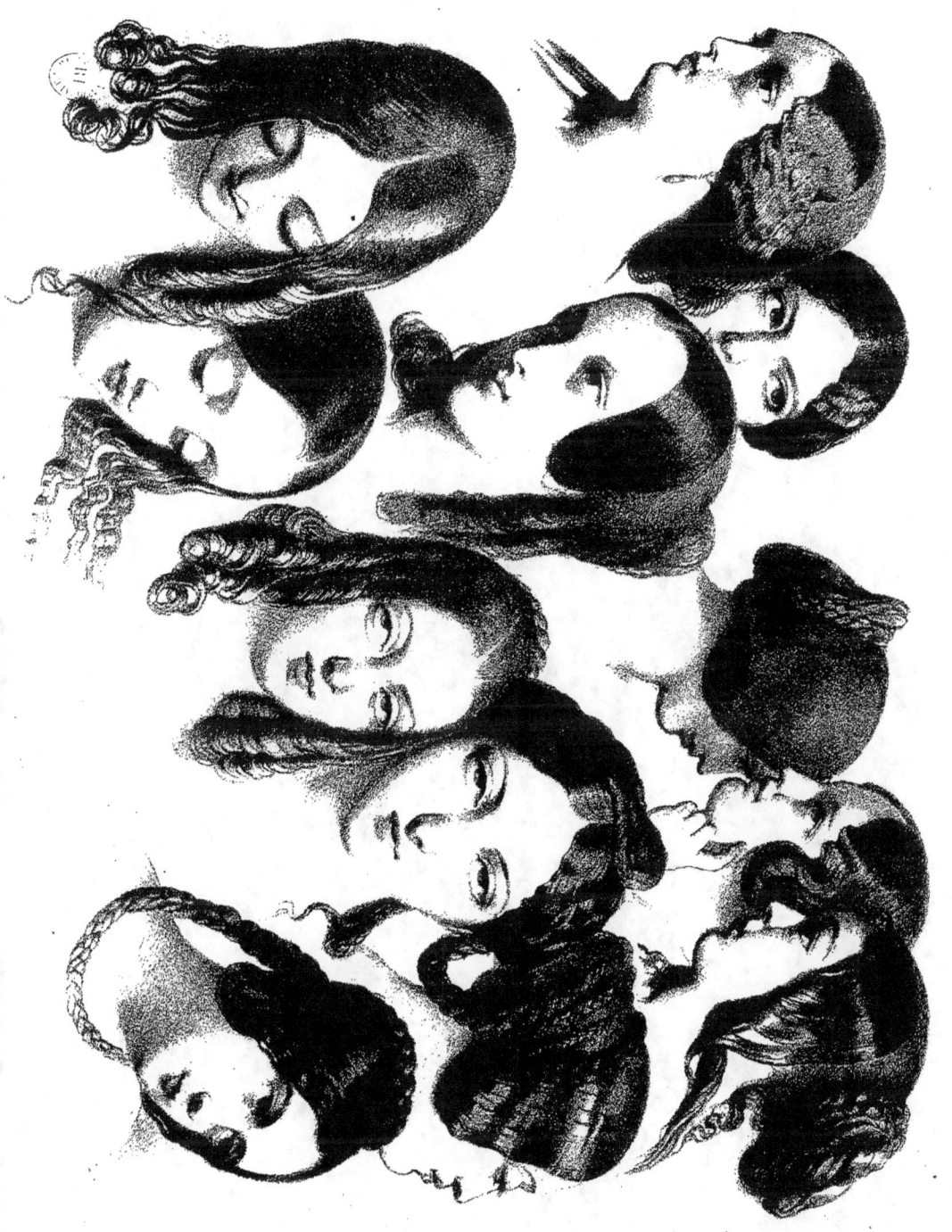

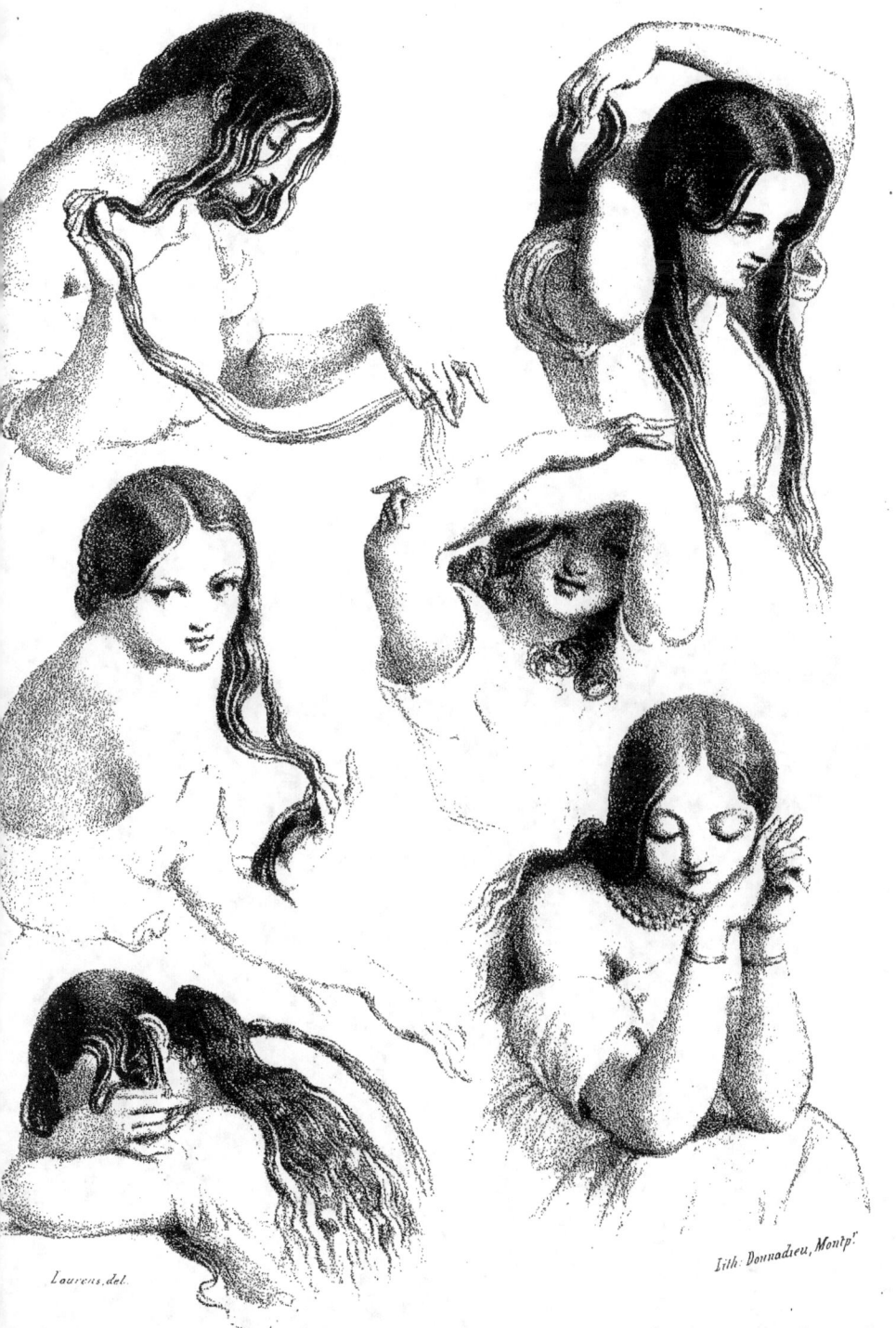

Laurens. del.

Lith. Donnadieu, Montp.

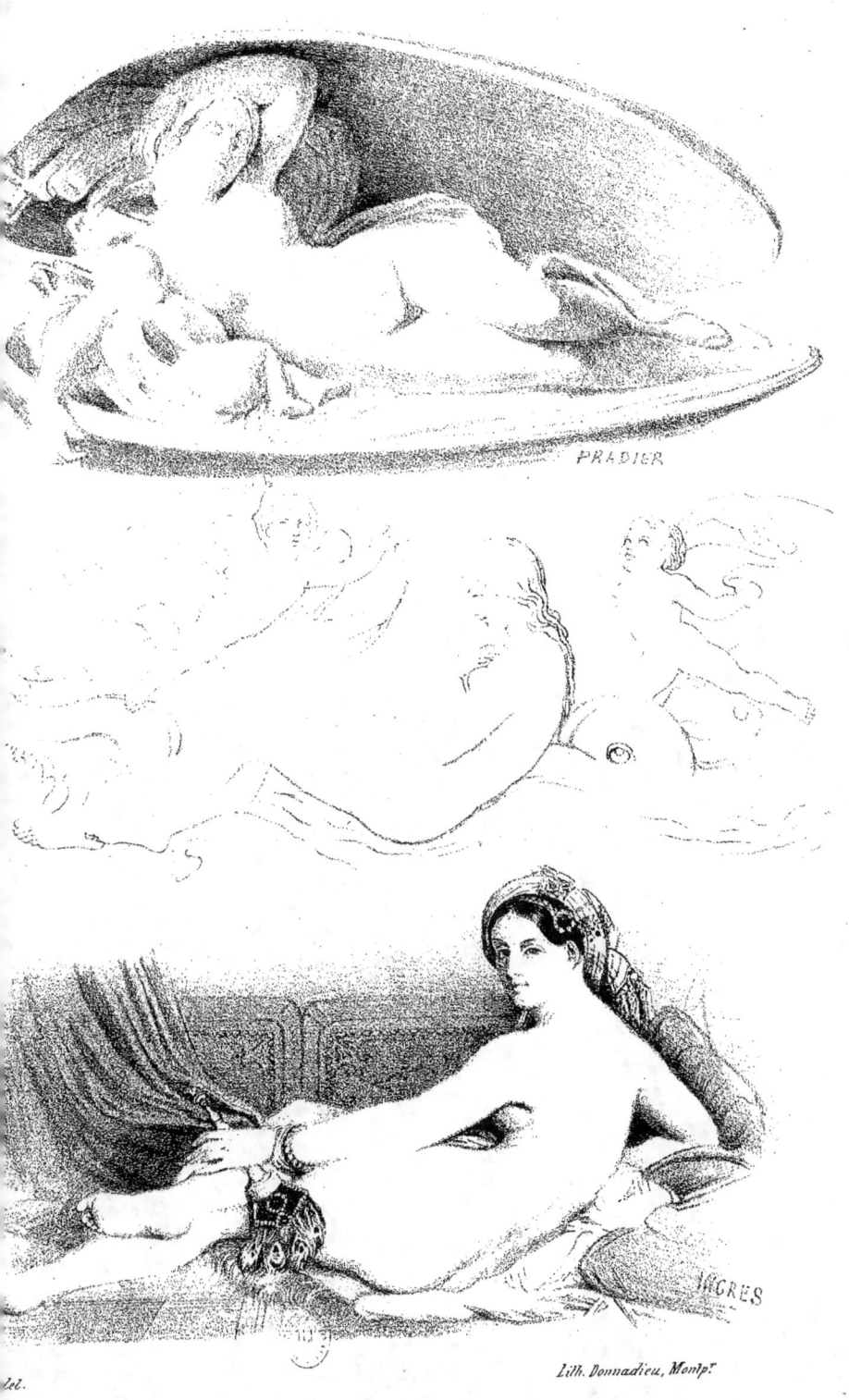

PRADIER

INGRES

Lith. Donnadieu, Montp.

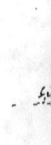

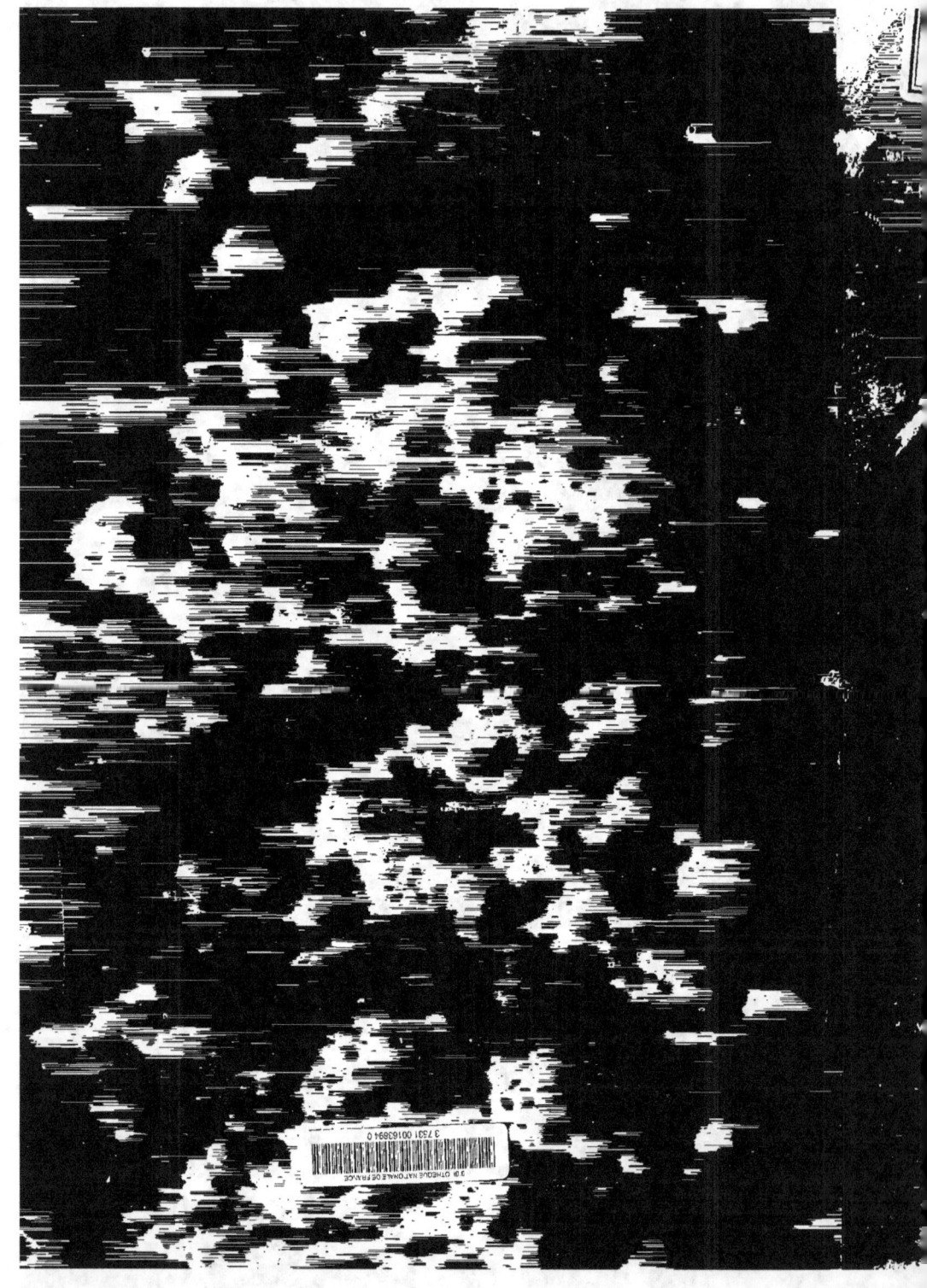